지식과 상식의 즐거운 폭발!
Fun Book

안전 생존 119

글 배정진 그림 이경택

들어가며

오늘도 뉴스 기사에는 전 세계 곳곳에서
일어난 안타까운 소식들이 가득해요.
그중에는 사람의 힘으로 막을 수 없는 재난도 있고,
더 조심했더라면 좋았을 안타까운 사고도 있지요.
위험은 언제나 예기치 못한 순간에 찾아오니까요.
안전은 사고나 재난, 범죄 등의 위험으로부터
생명과 건강 그리고 재산을 지키는 거예요.
"무인도에 갇히면 어떡하지? 전쟁이 일어나면
뭐부터 해야 해? 지진이 나고 번개가 칠 때는?"
이런 걱정 고민은 잠시 접어 둬요.
상황별 안전 수칙을 미리미리 익혀 두면
위급 상황에서 생존 확률을 훨씬 높일 수 있어요.
이제 최고의 안전 생존왕으로 거듭나 볼까요?

차례

- 자연재해 ········ 6
- 사회 재난 ········ 26
- 교통안전 ········ 54
- 생활 안전 ········ 74
- 야외 활동 ········ 108
- 위급 상황 ········ 154
- 범죄 상황 ········ 192
- 전쟁 상황 ········ 224
- 조난 상황 ········ 240

강풍 / 번개 / 폭염 / 가뭄 /
폭우 / 한파 / 지진 / 해일 /
파도 / 우박 / 산사태 / 화산

자연재해,
이러면 안 돼요!

강풍

바람이 강하게 부는 날, 거리를 돌아다니면…?

안 돼요! 바람에 날려 떨어지는 화분이나 간판에 다칠 수 있어요. 강풍이 불 때는 가로수나 전봇대에 가까이 가지 말고, 주위를 잘 살피며 걸어요.
공사장 근처는 특히 위험해요. 가급적 실내에 머물고, 만약 외출 중이라면 안전한 건물 안으로 대피해요.

우리 집은 바람이 불어도 안전할 거라 생각하면…?

강풍

안 돼요! 강한 바람에 창문 유리가 깨질 수 있어요. 창문 위에 젖은 신문지를 넓게 펴 바르거나, 테이프를 X자 모양으로 붙여요. 창틀과 유리 사이에도 꼼꼼히 붙여야 해요. 창밖에 둔 물건은 미리미리 안으로 들여놓고, 여의치 않다면 줄로 단단히 묶어요.

여름철 태풍 피해에 대비하자

우리나라는 여름철마다 태풍이 자주 와요.
미리미리 대비하면 피해를 줄일 수 있어요.

태풍 대비 방법

- ✓ 하수구나 배수구를 점검해 막힌 곳을 뚫어 둬요.
- ✓ 하천 근처에 주차된 자동차는 안전한 곳으로 옮겨요.
- ✓ 날아갈 위험이 있는 지붕, 간판 등을 단단히 고정해요.
- ✓ 정전에 대비해 손전등을 준비하고, 가족 간 비상 연락망 및 대피법을 미리 의논해요.

도시 지역

- 고층 건물 유리창은 테이프를 붙여 파손에 대비해요.
- 바람에 날아갈 만한 물건은 미리 치워요.
- 건물 옥상, 지하실, 맨홀 근처에 접근하지 않아요.
- 건물 간판 및 위험 시설물을 특히 주의해요.

농촌 지역

- 산사태의 징후가 있을 경우 멀리 대피해요.
- 다리를 건널 때는 안전한지 미리 확인해요.
- 하천이 넘쳐 흐르지 않도록 조정해 침수를 예방해요.
- 비닐하우스, 재배 시설 등을 단단히 묶어 고정해요.

해안 지역

- 해안가의 위험한 비탈면에 접근하지 않아요.
- 낮은 지대 주민은 안전한 곳으로 멀리 대피해요.
- 배를 단단히 묶고, 용품을 안전한 곳으로 옮겨요.
- 파도가 높으면 해수욕장 이용을 자제해요.

번개

번개가 칠 때
나무 밑으로 숨으면…?

안 돼요! 벼락은 대부분 높은 곳에 떨어지므로 키 큰 나무 밑은 위험해요. 번개가 치면 몸을 낮추고 건물이나 차 안으로 신속하게 대피해요.
대피할 곳이 없다면 최대한 낮은 곳으로 이동해 귀를 가리고 몸을 웅크려요. 땅 위로 전기가 흐를 수 있으니 눕는 건 위험해요.

덥다고 탄산음료를
벌컥벌컥 마시면…?

폭염

안 돼요! 탄산음료에는 당분이 많이 포함되어 있어 오히려 마실수록 몸속 수분이 빠져나가요. 더울 때는 탄산음료 대신 물이나 이온 음료를 마셔요.
야외에서는 가급적 밝은 색 옷을 입고, 양산이나 선글라스, 모자로 햇빛을 가려요. 불볕더위가 계속될 때는 외출을 자제하는 게 좋아요.

수돗물만 믿고
물을 펑펑 사용하면…?

안 돼요! 물은 무한한 자원이 아니에요. 특히 가뭄이 계속될 때는 곳곳에 물이 부족해요.
평소 세수나 샤워를 할 때 물을 받아서 사용해요. 한 번 사용한 물도 변기 물로 쓰거나 청소할 때 재활용해요. 빨래는 모아서 한꺼번에 세탁하고, 물이 새는 곳은 없는지 수시로 확인해요.

비가 쏟아지는 날에 맨홀 주변을 얼쩡거리면…?

폭우

안 돼요! 폭우가 계속되면 하수구 안에 흐르는 물이 거꾸로 솟아 맨홀 뚜껑을 날려 버리기도 해요.
또 불어난 물로 인하여 바닥이 보이지 않을 수 있어요.
혹시 맨홀 뚜껑이 열려 있는 곳은 없는지 주변을 잘 살피며 걸어요.

한파

절약하려고 추운 날에도 보일러를 꺼 놓으면…?

안 돼요! 보일러가 얼어서 고장 날 수 있어요. 건강을 위해서도 겨울철 실내 온도는 늘 18~21℃로 유지해요. 집 안에서도 긴 옷을 입고, 외출할 때는 두꺼운 옷 하나보다 얇은 옷 여러 벌을 껴입어요.
또 겨울철에는 근육과 관절이 유연하지 못해 무리한 활동은 위험하니, 운동은 가급적 실내에서 해요.

잠깐! 실내 적정 온·습도를 알아보자

계절	적정 온도	적정 습도
여름	24~27℃	60%
봄·가을	19~23℃	50%
겨울	18~21℃	40%

여름철에는 장마로 인해 습도가 높아져요.
높은 습도는 불쾌감을 유발할 수 있어요.

습도를 낮추는 방법

- 옷장에 제습제를 걸고, 실내는 제습기를 켜요.
- 난방기로 실내 온도를 높여 공기 중 수분을 건조시켜요.
- 숯을 놔두면 자연적으로 습도 조절이 가능해요.

겨울철에는 난방기를 사용하므로 실내 습도가 낮아져요.
습도가 낮으면 각종 피부 질환에 걸릴 위험이 높아요.

습도를 높이는 방법

- 가습기를 사용해 실내에 충분한 수분을 공급해요.
- 젖은 빨래를 널어 두면 습기가 보충돼요.
- 실내에서 식물을 키우면 건조함이 많이 사라져요.

> 지진

지진이 났을 때 무조건 책상 밑으로 숨으면…?

안 돼요! 건물이 갑자기 무너지면 오히려 위험한 상황에 처할 수 있어요. 방석이나 베개로 머리를 보호하고 신속히 건물을 빠져나가요. 주변에 떨어질 만한 물건이 없는 공원이나 공터가 안전해요.
밖으로 나갈 상황이 안 되면, 가스 밸브를 잠그고 현관문을 열어 둔 채 화장실로 몸을 피해요.

꼼짝도 못 하겠어.

지진이 멈춘 후에 곧바로 해수욕을 하면...?

해일

안 돼요! 바닷속 땅에 여진이 발생해 지진 해일이 일어날 수 있어요. 해안가에서 최대한 멀고 높은 곳으로 이동해 라디오나 뉴스 안내에 따라요.
지진 해일은 여러 차례에 걸쳐 밀려오기 때문에 바다가 잠깐 잔잔해져도 안심할 수 없어요.

파도

거꾸로 치는 파도에 가까이 가면...?

안 돼요! 해안으로 가까이 왔다가 소용돌이를 일으키며 소리 없이 빠르게 되돌아가는 '이안류'에 휩쓸릴 수 있어요.
만약 이안류에 휩쓸렸을 때는 억지로 해안가를 향해 헤엄치지 마세요. 아무리 수영 실력이 뛰어나도 위험해요. 물살에 가볍게 몸을 맡기고, 좌우 45도 방향으로 헤엄쳐야만 해요.

바람이 강할 때 바닷가에 가면…?

파도

안 돼요! 바람의 영향을 받아서 크고 사납게 일렁이는 '너울성 파도'에 휩쓸릴 수 있어요. 바람이 거셀 때는 해안 도로나 방파제 근처에 가지 말아요.
너울성 파도는 조용히 다가와 갑작스럽게 큰 파도를 일으켜요. 파도가 잔잔해 보인다고 해도 절대 방심하지 마세요.

우박

한여름에 차가운 얼음이 떨어진다고 좋아하면...?

안 돼요! 그건 얼음이 아니라 우박이에요. 우박은 대부분 지름이 5mm 정도이지만, 큰 것은 10cm가 넘기도 해요. 창문이나 자동차를 파손시키고 목숨까지 위협할 수 있어요. 우박이 떨어질 때는 손이나 가방으로 머리를 보호하며 서둘러 실내로 대피해요.

산사태가 일어났을 때 계곡을 따라 대피하면…?

안 돼요! 쭉 뻗은 계곡은 무너져 내리는 흙더미의 이동 경로가 되기 십상이에요. 고랑이나 움푹 파인 곳은 피하고, 절벽이나 암벽 아래로 가면 안 돼요. 흙더미에 깔리지 않으려면 산사태가 진행되는 방향과 직각으로 달려요. 나무가 우거지고 지대가 높은 곳이 안전해요.

화산

화산이 멀리 있다고 안심하면...?

안 돼요! 한 번 폭발한 화산은 수십 킬로미터 떨어진 곳까지 영향을 미쳐요. 화산이 폭발할 조짐이 보이면 가급적 멀리 그리고 높은 곳으로 대피해요.
실내에서는 화산 가스가 들어오지 못하게 젖은 수건 등으로 통풍구와 창문 틈새를 막아요.

> **잠깐!**
우리나라는 화산에서 안전할까?

아닙니다. 한라산과 백두산은 잠시 활동을 멈춘 '쉬는 화산'이에요.
특히 백두산은 그동안 여러 차례 폭발한 기록이 있어요. 발해의 멸망이 백두산 폭발 때문이라는 주장도 있고, 고려 시대인 946년과 947년에 각각 분화하여 일본에까지 영향을 미쳤어요.
〈조선왕조실록〉에도 백두산이 여러 차례 분화했다는 기록이 있어요. 1903년 분화를 마지막으로 더 이상의 기록은 없지만, 지금까지 평균 100년 주기로 분화했다고 해요.
지구의 나이에 비하면 100년이란 시간은 매우 짧기 때문에, 백두산 화산은 여전히 활발하게 활동 중이라 말할 수 있어요.
백두산이 폭발하면 우리나라는 큰 피해를 입게 될 거예요.

붕괴 / 화재 / 차량 화재 /
산불 / 승강기 / 침몰 / 수영 /
싱크홀 / 터널 / 헬기

사회재난,
이러면 안 돼요!

벽이나 천장에서 나는 소리를 무시하면…?

붕괴

안 돼요! 건물이 곧 무너지려는 징조일 수 있어요. 창문이 뒤틀리지 않았는지, 문은 잘 열리고 닫히는지 미리 확인해요. 만약 매캐한 가스 냄새가 난다거나 벽에 균열이 생겼다면 당장 건물 밖으로 이동해요. 평소 건물 안전 진단을 받아 두는 게 좋아요.

건물이 붕괴되기 직전 창가에 있으면...?

붕괴

안 돼요! 건물이 붕괴할 조짐이 보이면 즉시 건물을 빠져나가요. 머리를 보호하며 움직이고, 다른 사람들을 위해 출입문을 열어 둬요.
유리창, 선반 등 깨지기 쉬운 곳이나 폭발 및 화재 가능성이 있는 곳을 피해요. 혹시 탈출이 어렵다면 비교적 벽체가 단단한 계단으로 대피해요.

붕괴된 건물 안에서 구조를 기다리면...?

안 돼요! 사람이 갇혀 있다는 걸 어떻게든 바깥에 알려야 해요. 벽이나 파이프를 규칙적으로 톡톡 두드려 신호를 보내요. 다만 무리하게 탈출을 시도하거나 소리를 질러 체력을 낭비하지 마세요. 휴대폰은 방전되지 않도록 잠깐씩만 켜 둬요.

잠깐!
건물이 와르르 무너진다면?

▌ 건물 붕괴가 시작된 경우, 주변을 살펴 대피로부터 찾아요.

▌ 단단하고 강한 기둥이나 벽체가 있는 곳으로
임시 대피해요.

▌ 부상자는 가능한 빨리 안전한 장소로 옮기고,
완전히 탈출 후 응급 처치해요.

▌ 평소에 완강기, 밧줄, 손전등 등 탈출에 필요한 물품이
있는 곳을 확인해 둬요.

▌ 건물 밖으로 나간 후에는 추가 붕괴와 가스 폭발 등의
위험이 없는 곳으로 이동해요.

▌ 건물 밖에 있는 주민들은 사고 현장에 함부로
접근하지 말아요.

▌ 이동할 때는 불안정한 물체에서 멀리 떨어지고,
가방이나 방석 등으로 항상 머리를 보호해요.

"불이야" 소리에 놀라 무작정 뛰어 내려가면…?

화재

안 돼요! 아래층에서 불이 났다면 올라오는 연기에 오히려 질식될 수 있어요. 불이 어디서 나고 있는지를 먼저 파악하고 움직여야 해요.
현관이나 옥상으로 대피할 여건이 안 되면, 비교적 신선한 공기를 마실 수 있는 베란다로 이동해요.

화재 중에 엘리베이터를 이용하면...?

안 돼요! 불이 났을 때는 전기가 자동으로 차단되어 엘리베이터도 함께 멈춰요. 엘리베이터 안과 같이 밀폐된 공간에 갇히면, 연기에 질식되기 쉬워 아주 위험해요. 불이 나면 엘리베이터 대신 계단으로 신속히 이동해요.

화재

아무 준비도 없이 불길로 뛰어들면...?

안 돼요! 먼저 물에 적신 담요나 수건으로 몸과 얼굴을 감싸 화상을 피해요. 불길이 세지 않더라도 연기에 질식될 수 있으니 방독면을 꼭 착용해요.
방독면이 없다면 젖은 수건으로 입과 코를 막고 낮은 자세로 이동해요. 옷에 불이 붙었을 때는 두 손으로 얼굴을 가리고 바닥을 뒹굴어요.

방독면을 쓰고 단단히 조이지 않으면...?

안 돼요! 정화통이 아닌 다른 곳으로 공기가 새어 들면 방독면을 쓴 효과가 없어요. 정화통이 앞으로 가도록 머리에 쓰고, 머리 뒤에 있는 끈을 최대한 조여요. 손바닥으로 정화통 입구를 막고 숨을 들이마셨을 때 방독면이 수축된다면 제대로 착용한 거예요.

불이 났을 때 손잡이가 뜨거운 문을 열면…?

화재

안 돼요! 손잡이가 뜨겁다는 건 문 반대편에 불이 났다는 거예요. 그 상태에서 문을 열면 산소를 만나 더욱 거세진 불길이 온몸을 뒤덮을 수 있어요.
손잡이가 뜨겁거나 문틈에서 연기가 새어 나온다면 그 반대쪽으로 대피해요.

계단에 설치된 방화문을 활짝 열어 놓으면...?

화재

안 돼요! 방화문은 화재와 연기가 퍼지는 것을 막아 주는 역할을 해요. 화재 시는 물론 평상시에도 방화문을 닫아 두어야, 위급 상황에서 주민들이 계단을 통해 안전하게 대피할 수 있어요. 그렇다고 해서 평소 방화문을 꽁꽁 잠가 둬서는 절대 안 돼요.

두 명이 함께 완강기를 타고 내려가면…?

화재

안 돼요! 완강기는 한 명씩 타도록 설계되어 있기 때문에 두 명이 타면 끊어질 수 있어요.
사용 전에 지지대가 단단히 고정되어 있는지 꼭 확인하고, 차례대로 한 명씩 건물 쪽을 바라보며 내려가요.
평소에 완강기 사용법을 미리 익혀 두면 좋아요.

※안전한 완강기 사용법

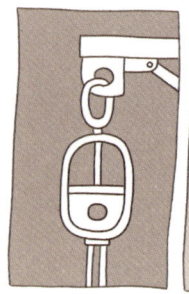

화재 시 억지로 전동차 문을 열려고 하면…?

차량화재

안 돼요! 문 옆이나 의자 밑에 설치된 비상 레버를 돌리면 쉽게 문을 열 수 있어요.
만약 문이 열리지 않는다면 비상 망치로 창을 깨고 탈출해요. 이때 마주 오는 전동차에 치일 위험이 있으니, 반대쪽 선로를 주의해요.

스크린도어가 닫혔다고 당황하면…?

차량화재

안 돼요! 스크린도어 역시 방법만 알면 쉽게 열 수 있어요. 양손으로 스크린도어의 손잡이를 젖히고 미닫이문을 열듯 좌우로 밀어요.
얼핏 보기에 문이 아닌 벽처럼 보이는 곳도 '비상문'이라고 적힌 곳이 있으니 잘 살펴요.

산불이 났을 때 바람을 등지고 달리면…?

안 돼요! 산불은 바람이 부는 방향으로 점점 번져 나가요. 바람을 등지고 대피하면 산불에 쫓기거나 갇힐 수 있어 위험해요.
만약 사방이 불길로 휩싸이면 상대적으로 불기운이 약한 곳을 찾아 뚫고 가요. 이미 다 타 버린 곳, 도로, 바위 등 탈 것이 없는 곳을 찾으며 낮은 지대로 대피해요.

나는 왜 이곳에 서 있나….

엘리베이터가 고장 났다고 억지로 문을 열면…?

승강기

안 돼요! 엘리베이터가 갑자기 움직이기라도 하면 큰 사고가 벌어질 수 있어요. 엘리베이터가 멈췄을 때는 무리하게 나오려 하지 말고 비상벨을 눌러 도움을 청해요. 안전장치 덕분에 추락하는 일은 거의 없으니 안심하고 기다려요.

엘리베이터가 추락할 때 점프를 하면...?

승강기

안 돼요! 정확한 타이밍에 점프를 한다 하더라도 충격은 마찬가지예요. 오히려 천장에 머리를 부딪히면 더 크게 다칠 수 있어요.
엘리베이터가 추락하고 있다면 바닥에 엎드려요. 팔다리를 쭉 뻗어 충격을 나누고, 한쪽 팔로 머리를 감싸 보호해요.

침몰

물에 빠진 차 문을 억지로 열려고 하면...?

안 돼요! 물의 압력 때문에 물속에서는 차 문이 열리지 않아요. 단단하고 날카로운 물건으로 창문 모서리부터 깨야 해요.
만약 깨지지 않으면 차 안에 물이 찰 때까지 기다려요. 차 안과 밖의 압력이 같아지면 문을 열 수 있어요. 문이 열린 후에는 공기 방울이 향하는 곳으로 헤엄쳐요.

배가 침몰할 때 무작정 물로 뛰어들면...?

침몰

안 돼요! 물로 뛰어드는 건 최후의 방법이에요. 배가 가라앉기 시작하면 먼저 선내 비상벨을 누르고, 119에 구조 요청을 해요.
그다음 배 안에 비치된 구명조끼를 챙겨 신속히 갑판으로 나가요. 배가 기울고 있는 방향의 반대쪽 가장 높은 곳으로 이동해 구조선을 기다려요.

생존 수영을 익혀 두자

'생존 수영'은 위급 상황에서 생명을 지켜 주는 아주 기초적인 영법이에요. 익혀 두면 수영을 못하더라도 구조대가 도착할 때까지 시간을 벌 수 있어요.

억지로 수영하는 것보다 구조대가 올 때까지 버티는 게 중요해요. 괜히 허우적거려 힘을 빼지 않도록 해요. 만약 주위에 빈 페트병, 과자 봉지, 돗자리 등 물에 잘 뜨는 물건이 있다면 꼭 끌어안고 있어요.

맨몸으로 물에 빠졌을 때는?

곧바로 물 위에 뜨는 자세부터 취해야 해요. 일단 온몸에 힘을 빼고 하늘을 향해 누워요. 팔은 머리 위쪽으로 가만히 내려놓고, 입으로 숨을 크게 들이마셔 몸의 부력을 크게 만들어요.

구명조끼를 입고 떠내려갈 때는?

30분 이상 물속에 있게 되면 체온이 급격히 낮아져 위험해요. 무릎을 가슴으로 당겨 웅크린 자세를 취해 체온이 떨어지는 것을 최대한 막아요.

수영

수영을 잘하려고 맨몸으로 물에 뛰어들면…?

안 돼요! 물속은 바깥보다 온도가 낮기 때문에 오래 있으면 체온이 급격하게 떨어져요. 물에 들어가기 전에 꼭 알맞은 수영복을 착용해야 해요.
수영 중에는 최대한 몸을 물 밖으로 노출시켜요. 만약 물속에서 체온이 떨어졌다고 느껴지면, 서로 껴안아 체온을 유지해요.

괜, 괜찮니?

덜덜덜

구명조끼를 대충 걸치기만 하면...?

수영

안 돼요! 물속에서 구명조끼가 벗겨질 수 있어요. 반드시 몸에 꼭 맞는 것을 골라 바르게 착용해요. 우선 가슴 단추를 채우고 조임줄을 당겨 단단히 조여요. 친구와 서로 당겨 주면 더 좋아요. 위급 상황에서 벗겨지지 않도록 다리 사이의 끈도 반드시 연결해요.

잠깐! 구명조끼를 바르게 착용한 사람은 누굴까?

큰 조끼를 입으면 물과의 마찰로 벗겨지기 쉬워요.

작은 조끼를 입으면 활동 중 호흡에 문제가 생길 수 있어요.

구명조끼를 제대로 잠그지 않으면 착용하는 의미가 없어요.

땅 위에 생긴 균열을
대수롭지 않게 생각하면…?

싱크홀

안 돼요! 땅 위로 갑자기 구멍이 생기는 '싱크홀'의 예고일 수 있어요. 균열이 지하철이나 대형 공사장 근처에서 일어났다면 특히 주의해요.
만약 싱크홀에 빠졌다면, 뒤따라 흘러내리는 돌과 흙더미에 대비해 몸을 최대한 웅크리고 양손으로 머리를 보호해요.

터널

터널 안에 멈춰 서서 사고 구경을 하면…?

안 돼요! 터널 안은 밀폐된 공간이기 때문에 적은 양의 배기가스에도 쉽게 중독될 수 있어요.
터널 안에서 사고가 발생했다면 서둘러 밖으로 빠져나가야 해요. 자동차를 가지고 나갈 수 없는 상황이라면 갓길에 주차한 뒤 시동을 끄고, 차 키를 그대로 꼽아 둔 채 나가요.

헬기

구조 헬기가 왔다고 허겁지겁 달려가면…?

안 돼요! 헬기 주변은 강한 바람이 불어 매우 위험해요. 특히 헬기 뒤쪽으로 접근하지 말아요.
헬기가 도착하기 전, 주위에 날아갈 수 있는 물건은 미리 치워 둬요. 구조대원이 나올 때까지 침착하게 기다렸다가 지시에 따라 몸을 숙이고 헬기로 다가가요.

보행 / 횡단 / 기차 /
자전거 / 자동차 / 비행기 /
버스 / 지하철

교통안전, 이러면 안 돼요!

비 오는 날 어두운 색 옷을 입으면…?

보행

안 돼요! 흐린 날 어두운 색깔의 옷을 입으면 운전자의 눈에 잘 띄지 않아 위험해요. 비 오는 날에는 노랑이나 주황과 같은 밝은 색 옷을 입어요.
또한 차가 미끄러지거나 우산과 부딪칠 수 있으니 평소보다 찻길에서 멀찌감치 떨어져 걸어요.

어린 동생을 차도 쪽으로 걷게 하면…?

안 돼요! 차가 인도로 넘어올 수 있어요. 또 유아기 어린이들은 충동적으로 차도에 뛰어들기도 해요. 어린 동생은 차도에서 떨어진 인도 안쪽으로 걷게 해요. 동생의 손을 꼭 잡고, 주위를 살펴 갑작스런 위험에 대비해요. 빨리 걷자고 동생을 재촉하지 말아요.

보행

이어폰을 귀에 꼽고 길을 걸으면…?

보행

안 돼요! 음악 소리 때문에 바깥 소리를 듣지 못해 갑작스런 사고에 대비할 수 없어요. 길을 걸을 때는 이어폰이나 헤드폰 사용을 자제해요.
만약 꼭 듣고 싶다면 볼륨을 최대한 낮추고, 항상 주위를 살피며 걸어요.

파란불만 보고 건널목을 건너면...?

안 돼요! 간혹 신호를 무시하는 나쁜 운전자도 있어요. 건널목을 건널 때는 차가 완전히 멈춘 걸 확인하고 건너야 해요.
길을 건너는 중에도 차가 오는 쪽에서 시선을 떼지 말아요. 뛰지 말고 천천히 걷고, 키가 작은 어린이는 운전자에게 잘 보이도록 손을 들어요.

횡단

사거리에서 안심하고 길을 건너면…?

횡단

안 돼요! 우회전하는 차가 건널목으로 넘어올 수 있어요. 우회전을 할 때도 횡단보도가 파란불이면 멈춰야 하지만, 지키지 않는 나쁜 운전자들이 많아요. 삼거리나 사거리 건널목을 건널 때는 왼쪽에서 갑자기 차가 나타날 수 있으니 주의해요.

기차가 먼 곳에 있다고 안심하면...?

안 돼요! 기차는 보기보다 더 빠른 속도로 달리고 있어요. 더구나 급히 달리다 철로 사이에 발이라도 끼이면 끔찍한 사고를 당할 수 있어요.
철길을 건너기 전에는 일단 걸음을 멈추고 좌우를 살펴요. 건널목에 차단기가 내려져 있거나 경보음이 울리는 중에는 절대 건너지 말아요.

기차

자전거를 타고
횡단보도를 건너면...?

자전거

안 돼요! 자전거도 차로 분류되기 때문이에요. 인도를 지나거나 횡단보도를 건널 때는 자전거에서 내려 손으로 끌고 이동해요.
또 도로에서 자전거를 탈 때 차가 달리는 반대 방향으로 달려서도 안 돼요. 되도록이면 자전거 전용 도로를 이용하는 게 좋아요.

잠깐! 자전거 안전 수칙

- ✓ 헬멧을 반드시 착용해요.
- ✓ 여러 명이 나란히 달리면 안 돼요.
- ✓ 휴대 전화를 사용하면 안 돼요.
- ✓ 교통 신호를 반드시 지켜요.
- ✓ 밤에는 안전등을 반드시 켜요.
- ✓ 보행자와 충돌하지 않게 주의해요.
- ✓ 뒤따라오는 자전거나 차를 조심해요.

자동차

자동차 밑으로 기어들어 공을 꺼내면…?

안 돼요! 자동차가 갑자기 출발하면 큰 사고를 당할 수 있어요. 섣불리 차 밑으로 들어가지 말아요.
꼭 꺼내야 한다면 먼저 자동차 안에 사람이 타고 있는지 확인해요. 주변 어른에게 도움을 요청하고, 그럴 상황이 아니라면 꺼내는 동안 다른 한 명이 운전석 옆에 서서 주변을 살펴요.

주차된 차 근처에서 놀면…?

안 돼요! 운전석에서는 바깥 상황이 잘 보이지 않아요. 특히 키가 작은 어린이는 자동차의 앞이나 옆에 서 있어도 보이지 않을 수 있어요.
주차된 차 근처에서는 절대 놀지 말아요. 시동이 걸린 차는 특히 조심해요.

자동차

동생을 무릎 위에 앉히고 차를 타면…?

자동차

안 돼요! 사고가 나면 그 충격을 고스란히 동생이 받게 돼요. 동생도 자리에 앉아 안전벨트를 매게 해요. 단, 몸에 맞지 않는 안전벨트는 사고가 났을 때 도움이 되지 않아요. 동생이 어려서 몸집이 작다면 단단히 고정된 카시트 위에 앉혀요.

고장 난 차 옆에 서서 도와 달라 손을 흔들면…?

자동차

안 돼요! 뒤따라오는 차에 치일 수 있어요. 차가 고장 났을 때는 비상등을 켜고 트렁크를 활짝 열어 뒤차가 멀리서도 알아보기 쉽게 해요.
이어 후방 100m 지점에 비상 삼각대를 설치하고, 도로 밖으로 멀찍이 물러나요. 시야가 어두운 밤에는 야광봉이나 불꽃 신호기를 사용해요.

119에 전화해 무조건 도와 달라고 하면…?

안 돼요! 사고가 발생한 위치부터 정확하게 전해야 해요. 만약 현재 위치를 잘 모르겠다면 주위에 전봇대가 있는지 찾아봐요. 전봇대에 적혀 있는 고유 번호를 불러 주면 구조대가 위치를 파악할 수 있어요. 버스 정류장의 고유 번호나 자동차 전용 도로의 표지판 번호도 괜찮아요.

비행기 안에서 문자를 보내면…?

안 돼요! 휴대폰에서 나오는 전파가 비행기 작동을 방해할 수 있어요. 비행 중에 휴대폰은 통신이 제한되는 '비행기 모드'로 설정하고 사용해요.
그 밖에도 비행기 안에서는 라디오, TV 수신기, 무선 조종 기기 등을 사용하면 안 돼요.

비행기

불이 난 버스에서 맨손으로 유리창을 깨면...?

버스

안 돼요! 버스 유리창은 생각보다 단단해서 주먹으로 때려도 깨지지 않아요.
탈출해야 할 상황이라면, 일단 버스에 비치된 비상 탈출용 망치를 찾아요. 유리창과 망치의 끝이 직각이 되도록 한 뒤, 창문 양끝 모서리를 강하게 내리쳐요. 유리 파편을 모두 제거한 뒤 차례대로 버스에서 탈출해요.

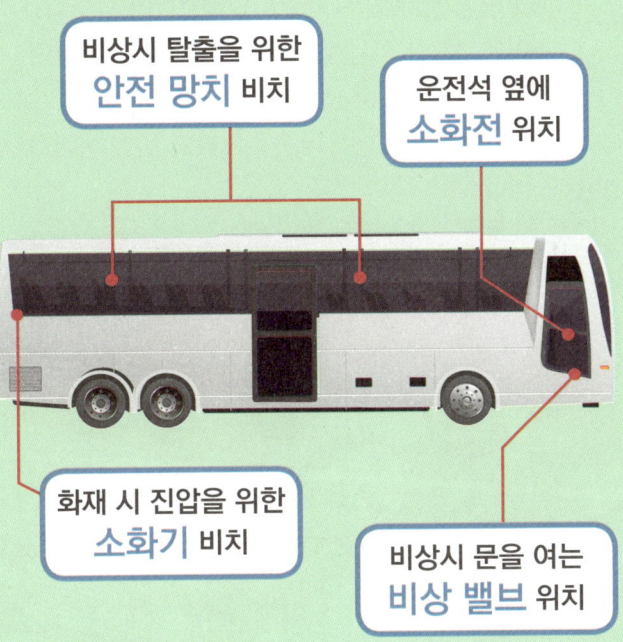

버스 문이 열리자마자 뛰어나가면…?

버스

안 돼요! 갑자기 끼어드는 차나 오토바이에 치일 수 있어요. 버스에서 내릴 때는 천천히 좌우를 살펴요. 버스가 멈춘 곳이 정류장이 맞는지도 꼭 확인해요. 길 한가운데에서 내리는 건 아주 위험하니, 만약 문이 열려도 내리지 말아요.

지하철 선로에 떨어졌을 때 납작 엎드리면…?

안 돼요! 선로 바닥과 달리는 지하철 밑부분의 간격은 30cm에 불과해요. 아무리 납작 엎드려도 위험한 건 마찬가지예요.
반대편 선로 역시 안전하지 못해요. 만약 곧바로 승강장 위로 올라갈 수 있는 상황이 아니라면, 승강장 밑 배수로 틈에 몸을 숨겨요.

지하철

식품 / 제품 / 일상 / 난방 /
조리 / 과열 / 소화 / 침수 /
가스 / 정전 / 심리 / 화재 / 중독

생활안전, 이러면 안 돼요!

생선 자른 칼로 채소를 썰면…?

안 돼요! 생선이나 익히지 않은 고기, 조개와 같은 어패류에는 해로운 세균이 있어요. 생선 요리에 사용한 칼과 도마로 채소를 썰면 세균도 함께 옮겨 갈 거예요. 칼과 도마가 하나뿐이라면 '채소→육류→어패류' 순서로 사용해요. 요리가 끝난 후에는 세제와 뜨거운 물로 깨끗이 씻고 소독해요.

당근과 오이를 함께 먹으면…?

안 돼요! 궁합이 맞지 않는 음식은 오히려 몸에 해로워요. 당근은 오이의 비타민C 성분을 파괴해요. 토마토에 설탕을 뿌려 먹으면 토마토의 비타민B를 섭취할 수 없어요. 미역국에 파는 어울리지 않고, 감과 게를 함께 먹으면 식중독에 걸릴 수 있어요.

식품

불량 식품을 보고도 모른 척하면 …?

안 돼요! 내가 아니더라도 다른 누군가가 먹게 될 수 있어요. 불량 식품을 발견하면 즉시 ☎1399로 신고해요. '식품 안전 소비자 신고 센터' 누리집이나 '식품 안전 파수꾼' 앱을 이용하면 돼요. 신고뿐만 아니라 불량 식품인지 아닌지도 확인할 수 있어요.

찌그러진 통조림을 먹으면...?

안 돼요! 찌그러지거나 녹슨 통조림 캔은 안쪽 코팅이 벗겨져 환경 호르몬이나 중금속이 나올 수 있어요. 유통 기한이 지나지 않았더라도 포장 상태에 따라 내용물이 변질될 수 있으니, 가공식품을 먹기 전에는 포장 상태부터 확인해요.

식품

순간접착제가 들어간 눈을 손으로 비비면...?

안 돼요! 함부로 만지면 망막이 손상될 수 있어요. 순간접착제가 눈에 들어갔다면 흐르는 물로 눈을 씻고 즉시 안과로 달려가요. 이동 중에도 손은 대지 말고 생수나 식염수를 흘려 눈을 헹궈요.
순간접착제를 안약으로 착각하는 경우가 많으니 항상 주의해요.

실수로 삼킨 락스를 억지로 토하려 하면…?

안 돼요! 락스의 염소 성분이 폐로 들어가 점막을 손상시킬 수 있어요. 억지로 토해 내지 말고 물이나 우유, 아이스크림, 달걀을 먹어 락스 성분을 희석시켜요. 병원으로 이동할 때는 좌측으로 돌아누워 락스가 소장으로 넘어가는 것을 늦춰요.

제품

이거 물이 아니라 락스인가 봐. 웩!

일단 이 우유부터 마셔.

귓속에 벌레가 들어갔다고 손가락으로 후비면…?

안 돼요! 겁먹은 벌레가 더 깊이 들어갈 수 있어요. 귓속에 기름 몇 방울을 떨어뜨리면 벌레가 기름과 함께 흘러나올 거예요.
또 불을 밝게 비추면 벌레가 빛을 따라 바깥으로 나오기도 해요. 그러나 빛을 싫어하는 바퀴벌레는 그 반대이니 주의해요.

화장실에 갇혔을 때 문고리를 세게 잡아당기면…?

안 돼요! 문고리가 고장 나면 탈출이 더 어려워져요. 게다가 힘이 바닥나 금세 탈진할 수 있어요.
일단 발로 쿵쿵 소리를 내 주위에 도움을 요청해요. 창문이 있다면 밖으로 소리를 지르거나, 두루마리 휴지를 멀리 던져 지나가는 사람의 시선을 끌어요.

일상

동생 방 창가에 장난감을 놓으면…?

안 돼요! 호기심 넘치는 동생이 창문으로 올라갔다가 추락할 위험이 있어요.
동생 방 벽에는 무거운 물건이나 떨어지기 쉬운 물건을 걸어 놓지 말아요. 쓰러지기 쉬운 가구도 위험해요.
책상이나 선반 모서리에는 안전 보호대를 붙여요.

일상

블라인드 줄을 길게 늘어뜨려 놓으면…?

안 돼요! 주위에서 놀던 아기의 목에 줄이 감길 수 있어요. 아기가 있는 집은 블라인드 줄이 아기 손에 닿지 않도록 높이 묶어 둬요.
반대로 아기가 줄에 매달렸을 때 블라인드가 쉽게 떨어지도록 고정 나사를 느슨하게 해 놓는 것도 좋아요.

일상

화장실 바닥을 젖은 채로 두면…?

안 돼요! 미끄러워 넘어질 수 있어요. 더구나 화장실에는 세면대와 변기 등 넘어졌을 때 부딪힐 수 있는 것들이 많아 특히 조심해야 해요.
화장실 바닥에 미끄럼 방지 패드를 붙이거나 매트를 깔아 둬요. 노인이 있는 집이라면 잡고 의지할 수 있는 안전 손잡이를 설치해요.

현관문 앞에 자전거를 세워 두면...?

안 돼요! 불이 났을 때 탈출을 방해할 수 있어요. 또한 소방관들이 화재 현장에 진입할 때도 방해가 돼요. 화분이나 자전거를 가급적 현관문 주변이나 계단에 두지 마세요. 신문지와 같이 불에 타기 쉬운 물건을 쌓아 두는 것도 위험해요.

일상

싸우는 개들을 큰소리로 혼내면…?

안 돼요! 오히려 개들을 흥분시킬 수 있어요. 냄비나 꽹과리 같은 물건으로 시끄러운 소리를 내서 개의 관심을 다른 곳으로 돌려요.

개가 흥분했을 때는 절대로 입가에 손을 대지 마세요. 수건으로 눈을 가리거나 뒷다리를 잡아당겨 개들을 서로 멀리 떼어 놔요.

아파트 베란다에서 물건을 던지면 …?

이런, 내 키만 한 화분이!

일상

안 돼요! 아무리 작은 물건이라도 높은 곳에서 떨어지면 사람을 다치게 할 수 있어요.
바람이 불면 떨어질 만한 물건을 창가에 두지 마세요.
만약 창가에 화분을 두고 싶다면 떨어지지 않게 끈으로 단단히 고정시켜요.

사용 중인 석유난로를 옮기면...?

안 돼요! 난로 안에 든 석유가 넘쳐 자칫 불로 번질 수 있어요. 석유난로는 움직이지 않도록 바닥에 고정해요. 난로 주변에 불에 타기 쉬운 물건을 두지 말고, 만약을 대비해 모래나 소화기를 비치해 둬요.

난방

나는야 준비된 남자!

전자레인지 안에 양은 냄비를 넣으면…?

안 돼요! 전자레인지에서 나오는 마이크로파가 금속과 반응해 화재가 발생할 수 있어요.
전자레인지에는 전용 용기만 사용해요. 플라스틱 용기나 종이를 넣으면 녹거나 타 버릴 거예요. 빈 전자레인지를 돌리는 것도 아주 위험해요.

조리

> 데우지 말고 그냥 줘. 난 생라면도 잘 먹어.

멀티탭에 플러그를 넘치게 꽂으면…?

안 돼요! 과열로 화재가 발생할 수 있어요. 멀티탭을 문어발처럼 이어서 사용하지 말아요. 특히 전기난로나 드라이기, 전자레인지 등 전기 사용량이 많은 제품을 하나의 멀티탭에 연결하면 안 돼요.
사용하지 않을 때는 전원을 차단하고, 평소 콘센트에 먼지가 끼지 않도록 청소해요.

과열

분말 소화기의 손잡이를 쥐고 안전핀을 뽑으면…?

안 돼요! 손잡이를 쥐고 있으면 안전핀이 절대 뽑히지 않아요. 소화기의 몸통을 잡고 안전핀을 뽑은 다음 바람을 등지고 서요. 노즐을 불이 난 쪽을 향하게 한 뒤, 손잡이를 꽉 쥐어 분사해요. 빗자루로 쓸 듯 골고루 뿌리면 효과가 좋아요.

소화

먼저 안전핀부터 뽑아야지.

이거 고장 났나 봐.

분말 소화기를 오랫동안 내버려 두면…?

안 돼요! 분말 가루가 굳지 않도록 한 달에 한 번씩 통을 흔들어 주세요.
낡고 오래된 소화기는 자체 폭발 위험도 있어요. 압력 게이지가 초록색 부분에 있는지, 유통 기한은 지나지 않았는지 미리미리 확인해요.

투척식 소화기를
아무 곳에나 던지면 …?

안 돼요! 불이 나면 덮개를 열고 투척식 소화기를
꺼내 직접 불을 향해 던져요.
만약 기름으로 발생한 화재라면 주변 벽이나 바닥에
던져 소화기 안의 액체가 불을 뒤덮게 해요.

소화

뚜껑을 열고 → 꺼내서 → 던지면 끝.

※ 투척식 소화기 사용법

소화기가 없다고 화재 진압을 포기하면...?

안 돼요! 건물 층마다 설치된 옥내 소화전을 사용해요. 소화전 문을 열고 호스를 꺼낸 다음 두 손으로 노즐을 잡아요. 밸브를 열고 불을 향해 발사해요. 일반 수도보다 수압이 세니 주의하고, 호스가 꼬이지 않도록 다른 사람이 호스를 잡아 주면 좋아요.

물에 잠긴 집 안에 들어가면...?

안 돼요! 물속에 흐르는 전기에 감전될 수 있어요. 집 안에 들어가기 전에 먼저 차단기부터 내리고, 전기가 통하지 않는 장갑과 장화를 반드시 착용해요. 물이 모두 빠진 다음에는 전기 점검을 받아요. 가전제품도 점검을 받고 난 후에 사용해요.

침수

휴대용 버너에 넓은 불판을 올리면...?

안 돼요! 불판에서 나오는 열이 가스통을 가열해 폭발이 일어날 수 있어요. 버너에 달린 삼발이보다 넓은 불판은 사용하지 마세요.
다 쓴 가스통은 구멍을 뚫어서 버려요. 가스가 남았더라도 찌그러지거나 녹슨 통은 과감히 버려야 해요.

가스

가스 냄새가 난다고 무작정 환풍기를 켜면...?

안 돼요! 전원을 누를 때 생기는 미세한 전기 불꽃으로도 큰 폭발이 일어날 수 있어요.
가스 냄새가 날 때는 밸브를 잠그고 창문을 열어 환기시켜요. LPG가스는 공기보다 무거워 가라앉으니, 부채나 빗자루로 바닥 쪽을 쓸어 바깥으로 내보내요.

가스

정전됐다고
집 밖으로 뛰쳐나가면…?

안 돼요! 정전이 되면 바깥도 어두워서 위험해요. 전기가 다시 들어왔을 때 과열되지 않도록 가전제품의 전원을 끄고 코드를 빼 놔요.
냉장고 문은 가급적 여닫지 마세요. 건전지로 작동하는 라디오를 켜고 뉴스에 귀 기울여요.

정전

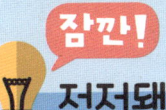
잠깐! 정전됐을 때는 어떻게 하지?

우리 집만 정전이라면

- 집 안에 있는 모든 전원을 끄고 코드를 뽑아요.
- 누전 차단기에 이상이 없는지 확인해요.
- 전기 설비에 이상이 있으면 전기 공사 업체에 연락해요.
- 전기 설비에 특별한 이상이 없으면 한국전력공사에 연락해요.

이웃집과 같이 정전이라면

- 대부분 신속히 복구되지만, 상황에 따라 다소 시간이 걸릴 수 있어요.
- 차분히 기다리며 안내 방송을 통해 상황을 파악해요.
- 아파트는 단지 내 전기 설비의 고장일 수 있으니, 관리사무소에 연락해요.

엘리베이터 안에서 정전이 되면

- 먼저 인터폰 버튼을 찾아 구조 요청을 해요.
- 무리하게 탈출을 시도하지 말고, 차분하게 구조를 기다려요.

우울하다고 혼자 있으면…?

안 돼요! 우울할 때일수록 다른 사람들과 어울려요. 가족과 친구들에게 마음속 고민을 털어놔 보세요. 병원을 찾아가 도움을 받는 것도 좋아요.
바쁜 일은 잠시 멈추고 좋아하는 일에 집중해요. 그렇다고 해서 기분이 갑작스레 나아지지는 않아요. 그래도 조급하게 생각하지 말아요.

심리

자살을 고민하는 친구를 윽박지르면...?

안 돼요! 오히려 화를 북돋아 극단적인 상황으로 내몰 수 있어요. 친구의 말에 귀를 기울이고 공감을 표시해요. 친구를 혼자 두지 말고, 자살의 방법이 되는 약이나 도구를 보이지 않는 곳으로 치워요. 자살 예방 기관의 상담을 받을 수 있도록 도와줘요.

심리

불이 났다고 나만 도망가면…?

안 돼요! 이웃에게도 화재 사실을 신속하게 알려야 해요. 큰 소리로 "불이야!"를 외치세요. 대피하면서 다른 집 문을 두들기거나 초인종을 연달아 누르세요. 화재 발신기가 있다면 손가락으로 꾹 눌러요.

화재

잠깐! 불이 났을 땐 이렇게 해요

- 가장 먼저 "불이야!"라고 크게 외쳐요.
- 화재 발신기를 찾아서 눌러요.
- 엘리베이터가 아닌 계단을 이용해요.
- 아래층으로 대피할 수 없다면 옥상으로 올라가요.
- 구조대원의 안내에 따라 낮은 자세로 움직여요.
- 물에 적신 담요나 수건으로 몸과 얼굴을 감싸요.
- 문을 함부로 열지 말고, 손잡이부터 살짝 만져 봐요.
- 손잡이가 뜨거우면 문을 열지 말고, 다른 길을 찾아요.
- 대피한 뒤에 바람이 불어오는 쪽에서 구조를 기다려요.
- 코와 입을 젖은 수건으로 막아 연기를 마시지 않도록 해요.

하루 종일 스마트폰만 들여다보면...?

안 돼요! 자칫 중독되면 일상에 지장을 받을 수 있어요. 스마트폰은 일정한 시간을 정해 놓고 사용해요. 친구와 만났을 때는 스마트폰 사용보다는 친구와의 대화에 집중해요. 스마트폰을 가급적 눈에서 멀리 두고 운동이나 독서, 악기 연주 등 취미 활동을 즐겨요.

중독

스마트폰 중독 셀프 진단

- [ ] 스마트폰이 없으면 손이 떨리고 불안하다.
- [ ] 스마트폰을 잃어버리면 친구를 잃은 느낌이 든다.
- [ ] 하루에 2시간 이상 스마트폰을 사용한다.
- [ ] 스마트폰에 설치한 앱이 30개 이상이고, 거의 모두 사용한다.
- [ ] 화장실에 스마트폰을 가지고 들어간다.
- [ ] 스마트폰 키패드가 쿼티 키패드이다.
- [ ] 스마트폰 치는 속도가 매우 빠르다.
- [ ] 식사 중에도 알림이 울리면 바로 확인한다.
- [ ] 스마트폰을 보물 1호라고 생각한다.
- [ ] 스마트폰으로 쇼핑을 2회 이상 한 적 있다.

몇 개나 해당 되나요?	1-2개 : 양호	5-7개 : 중독 의심
	3-4개 : 위험	8개 이상 : 중독 확실

잔디 / 등산 / 계곡 / 폭설 / 한파 /
눈 / 해빙 / 폭염 / 미세먼지 /
알레르기 / 식중독 / 멀미 / 성묘 /
산짐승 / 바다 / 갯벌 / 빙판 / 환풍기 /
감전 / 승강기 / 맨홀 / 고드름 /
공연장 / 경기장 / 응원 / 놀이터 /
스케이트 / 스키장 / 방파제 / 드론

야외활동,
이러면 안 돼요!

반바지를 입고 잔디밭에 앉으면…?

안 돼요! '살인 진드기'라 불리는 야생 진드기에 물릴 수 있어요. 숲이나 풀밭에 들어갈 때는 맨살이 노출되지 않도록 주의해요. 곤충 기피제를 미리 몸에 뿌리면 좋아요.
진드기가 달라붙을 수 있으니 옷을 아무 데나 벗어 두지 말고, 사용한 돗자리는 깨끗이 털어 햇볕에 말려요.

잔디

산속에서 지도만 보고 길을 찾으려 하면…?

안 돼요! 먼저 방위를 정확히 알아야 해요. 해가 뜬 낮이라면 손목시계의 시침이 태양을 가리키도록 놔요. 시침과 12시의 중간 방향이 남쪽이에요.
또 무덤의 비석은 대부분 남쪽을 향해요. 오래된 나무의 이끼가 낀 쪽이 북쪽이고, 나무의 나이테는 북쪽보다 남쪽의 간격이 더 넓어요.

등산

아무 준비 없이 등산을 하면…?

안 돼요! 만약을 위해 물, 사탕, 초코바 등 비상식량을 챙겨요. 여분의 옷도 꼭 챙겨요.
단, 배낭을 너무 무겁게 하지 마세요. 평소 체력에 자신이 있다고 해도 무리하면 안 돼요. 특히 밤 산행은 매우 위험하니 날이 어두워지기 전에 산에서 내려가요.

등산

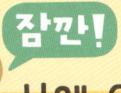
산에 오를 때는 어떻게 할까?

▲ 등산은 아침 일찍 시작해 해 지기 한두 시간 전에 마쳐요.
▲ 만약을 대비해 배낭 안에 손전등, 비옷, 휴대폰, 비상약을 챙겨요.
▲ 등산 중에는 너무 많이 먹지 말고, 조금씩 자주 섭취해요.
▲ 산에서는 아는 길도 자주 지도를 보며 확인해요.
▲ 길을 잘못 들었을 때는 당황하지 말고, 아는 위치까지 되돌아가서 다시 시작해요.
▲ 발 디딜 곳을 잘 살피면서 천천히 걸어요.
▲ 내려갈 때는 자세를 낮추고 발아래를 잘 살피며 한 걸음씩 안전하게 디뎌요.
▲ 썩은 나뭇가지나 풀, 불안정한 바위에 의지하면 안 돼요.

산속에서 길을 잃었을 때 계곡을 따라 이동하면…?

안 돼요! 바위가 많은 계곡에서 발을 헛디디면 크게 다칠 수 있어요. 산속에서 길을 잃으면 무리하게 길을 찾으려 하지 말고 왔던 길을 되돌아가요. 산등성이를 따라 이동하면서 주위에 표지판을 찾아요.
날이 어두워지면 이동을 멈추고, 몸을 따뜻하게 한 뒤 해가 뜨기를 기다려요.

등산

어지럼증을 꾹 참고 산을 오르면…?

안 돼요! 산소가 부족해 일어나는 '고산병'의 증상일 수 있어요. 두통이나 속이 답답한 증상이 생기면 즉시 산행을 멈추고 쉬어요. 숨을 크게 들이마시고 알맞은 약을 복용한 후, 등산을 멈추고 내려가요.

등산

이러면 고산병 걸릴 일은 없겠지!

맙소사….

계곡 옆에 텐트를 치면…?

안 돼요! 비가 갑자기 내리면 불어난 물에 휩쓸릴 수 있어요. 야영지를 정할 때는 바닥에 물이 흐른 흔적을 살펴요. 물이 흐른 곳보다 높은 곳을 선택하는 게 좋아요. 또 언제든 쉽게 대피할 수 있는 곳인지, 산사태나 낙석의 위험이 없는지도 확인해요.

계곡

계곡물이 얕다고 얕보고 건너면...?

안 돼요! 나뭇가지나 막대기로 물의 깊이를 살피며 건너요. 돌은 미끄러우니 가급적 밟지 말고, 발을 바닥에 끌면서 이동해요. 물의 흐름을 따라 움직이고, 물살이 세다면 약간 거스르며 이동해요.

계곡

아는 길이라고 만만히 보고 눈보라 속을 걸으면…?

안 돼요! 눈보라 속에 오래 있으면 하늘과 땅의 구분이 없어지고 원근감마저 사라지는 '화이트 아웃' 상태가 돼요. 화이트 아웃 상태에서는 무리하게 이동하지 말고, 눈을 감은 채 시력이 회복될 때까지 기다려요. 이동할 때는 반드시 무리 지어 함께 움직여요.

폭설

눈을 녹이겠다고 뜨거운 물을 뿌리면...?

안 돼요! 뜨거운 물은 오히려 눈을 더 단단히 얼어붙게 만들어요. 물 대신 모래나 연탄재, 염화 칼슘을 뿌리는 게 효과 있어요. 삽으로 눈을 치울 때는 힘으로 들어 올리지 말고 밀어서 치워요.
또 눈의 무게를 못 이겨 건물이 무너져 내릴 수 있으니 지붕에 눈이 쌓이면 바로바로 청소해요.

폭설

체온이 떨어졌는데도 꾹 참고 추위를 이기려 하면...?

안 돼요! 체온이 낮게 계속되면 혼수상태에 이르러 사망할 수 있어요. 체온이 떨어지면 즉시 따뜻한 곳으로 이동해요. 젖은 옷은 갈아입고 담요로 몸을 감싸요. 배나 겨드랑이 사이에 핫팩을 넣거나, 따뜻한 차를 마셔 체온을 올려요.

한파

첫눈이 내린다고 좋아서 뛰어나가면…?

안 돼요! 눈은 비보다 대기 중에 머무는 시간이 길기 때문에 많은 오염 물질이 붙어 있어요.
눈이 내릴 때도 꼭 우산을 쓰도록 해요. 어쩔 수 없이 눈을 맞은 후에는 바로 샤워를 하고, 식염수로 입과 코를 세척하는 게 좋아요.

눈

겨울이 다 끝났다고 방심하면…?

안 돼요! 얼음이 녹기 시작하는 해빙기에는 땅과 건물이 약해져요. 베란다나 계단에 금이 가지는 않았는지, 가스관이나 수도관에 이상이 없는지 확인해요. 금이 간 기둥이나 건물 벽은 쉽게 무너질 수 있으니 주변을 지날 때 특히 조심해요.

해빙

무더위에도 땀이 나지 않는다고 좋아하면…?

더운 날에는 집이 최고지.

안 돼요! 오랫동안 더위에 노출되어 생기는 '일사병'의 증상일 수 있어요. 만약 무더위에 속이 메스껍다거나 두통이 계속된다면, 하던 일을 멈추고 서늘한 곳으로 자리를 옮겨요. 소금이 들어간 물이나 이온 음료를 마셔 몸속 수분을 보충해요.

하늘이 뿌연 날 아무 준비 없이 외출하면...?

안 돼요! 미세먼지에 노출되면 기침과 호흡 곤란이 일어나고, 심지어 사망에 이를 수 있어요.
외출 전에 먼저 실시간 미세먼지의 농도를 확인하고, 위험 수준이라면 가급적 외출을 자제해요. 꼭 나가야 한다면 미세먼지 전용 마스크를 착용하고, 공장 근처나 도로변은 가급적 피해요.

미세먼지

비겁하게 마스크를 쓰다니.

황사가 지나간 후에

가정에서는

- 창문을 열어 실내 공기를 환기시켜요.
- 황사에 노출된 물건들은 세척 후에 사용해요.

학교에서는

- 실내·외 청소를 통해 먼지를 제거해요.
- 감기, 눈병, 피부병이 의심되면 선생님에게 알려요.

농촌에서는

- 가축과 접촉되는 물건들은 씻거나 소독해요.
- 전염병이 발생하지 않았는지 확인해요.
- 이상 증세를 보이는 가축을 발견하면 즉시 신고해요.

주변에 꽃이 없다고 안심하면...?

안 돼요! 꽃가루는 바람을 타고 멀리멀리 날아가기 때문에 안심할 수 없어요. 평소 꽃가루 알레르기가 있다면 봄에 외출을 자제해요. 집 안에도 꽃가루가 날아들 수 있으니 창문을 닫아 놔요.
외출 후에는 손발을 깨끗이 씻고, 재채기가 나거나 눈이 가려우면 즉시 병원을 찾아가요.

알레르기

차 트렁크 안에 먹을거리를 잔뜩 넣고 캠핑을 가면…?

안 돼요! 온도가 높은 트렁크 안에서는 식중독균이 빠르게 늘어나요. 트렁크 안에 음식을 넣고 이동할 때는 아이스박스를 사용해요.
음식을 먹기 전에는 반드시 손을 씻고, 특히 여름에는 육류나 생선, 어패류를 꼭 익혀 먹어요.

식중독

멀미가 난다고 무턱대고 멀미약을 붙이면…?

안 돼요! 8세 이하 어린이에게 '붙이는 멀미약'은 위험해요. 멀미가 심하다고 해서 양쪽 귀 밑에 멀미약을 붙여도 안 돼요.
멀미가 나면 창가에 앉아 바깥 풍경을 구경해요. 옷의 단추를 풀어 몸을 편하게 하고, 껌을 씹는 것도 좋아요. 차 안에서 책이나 스마트폰은 보지 말아요.

꽃단장을 하고 성묘를 가면...?

안 돼요! 화려한 색깔의 옷과 진한 향수 냄새는 벌을 자극할 수 있어요. 또 긴 옷을 입어 뱀이나 진드기의 공격에 대비해야 해요.
예초기를 사용할 때에는 반드시 보호 장구를 착용해요. 돌이 튈 수도 있으니 벌초 중인 사람과 멀찌감치 떨어져 있어요.

성묘

곰을 만났을 때 죽은 척을 하면…?

안 돼요! 곰은 죽은 동물의 고기도 좋아하니까요. 게다가 곰은 시속 5~60km로 달릴 수도 있고, 나무도 잘 타기 때문에 도망치기 힘들어요.
일단 절대 곰을 흥분시키지 말아요. 초콜릿이나 사탕 같은 단 음식을 던져 곰의 관심을 돌린 뒤, 뒷걸음질 치며 곰과 멀어져요.

멧돼지를 만났을 때 돌을 던져 겁을 주면…?

안 돼요! 멧돼지는 힘이 세고, 날카로운 송곳니도 가지고 있어 매우 위험해요. 멧돼지를 만나면 자극하지 말고 천천히 뒤로 물러나요. 시선을 멧돼지에게서 떼지 말고 등도 보이지 마세요.
멧돼지의 눈높이보다 높은 곳으로 올라가 숨고, 만약 우산이 있다면 활짝 펴서 그 뒤에 숨어요.

산짐승

덜덜덜

방금까지 있었는데?

밥 먹고 난 다음 신나게 수영을 하면...?

안 돼요! 밥을 먹고 난 뒤에는 위와 장에 혈액이 몰리기 때문에 다리에 쥐가 날 수 있어요. 식사 후에는 잠시 휴식을 취해요.
또 갑작스런 체온 변화로 심장 마비가 올 수 있으니 준비 운동을 충분히 해요. 심장에서 먼 다리, 팔, 얼굴, 가슴 순서로 물을 적신 다음 물속으로 들어가요.

다리의 경련을 참고 헤엄치면...?

안 돼요! 무리하게 움직이면 경련이 더 심해져 익사할 수 있어요. 다리가 뻣뻣해질 때는 몸에 힘을 빼고 누워서 떠 있는 자세를 유지해요. 근처에 사람이 있다면 손을 들어 도움을 요청해요.
경련이 가라앉았더라도 곧바로 발을 움직이지 마세요. 발은 두고 손으로만 헤엄쳐 물에서 빠져나가요.

바다

물에 빠진 사람을 구하러 무턱대고 들어가면…?

안 돼요! 물에 빠진 사람은 온 힘을 다해 허우적대기 때문에 섣불리 돕다가는 함께 물에 빠질 수 있어요. 일단 소리를 질러 구조 요원에게 도움을 요청하고, 튜브나 스티로폼같이 물에 뜨는 물건을 던져서 전달해요. 또는 장대나 밧줄을 던져 잡게 하고 여러 사람이 힘을 모아 잡아 당겨요.

바다

그걸 잡고 나와.

맨발로 갯벌에 들어가면…?

안 돼요! 갯벌 속에 숨어 있는 조개껍데기에 발을 다칠 수 있어요. 갯벌에 들어갈 때는 발에 맞는 장화를 착용해요. 만약 샌들을 신어야 한다면 양말도 꼭 신어요. 햇빛에 화상을 입을 수 있으니 긴팔을 입고 자외선 차단제도 꼭 발라요.

갯벌

아파, 놔 줘!

겁도 없이 맨발이라니.

갯벌에서 힘으로 탈출하려 하면…?

안 돼요! 힘을 쓸수록 몸은 더 깊게 빠질 거예요. 당황하지 말고 차분히 한쪽 다리로 중심을 잡아요. 그리고 반대쪽 다리를 비틀어 갯벌에서 빼내세요.
빼낸 다리는 바로 내딛지 말고 무릎을 꿇듯 지면에 대요. 나머지 다리도 빼 갯벌에서 나가요.

갯벌

갯벌에서 정신을 놓고 놀면...?

안 돼요! 밀물이 밀려오면 어쩌려고요? 밀물 시간을 잘 확인하며 놀아야 해요..
갯벌에서 길을 잃었을 때는 바닥에 새겨진 물결 모양의 결을 살펴요. 경사가 완만한 결의 직각 방향으로 향하면 육지로 빠져나갈 수 있어요.

갯벌

한겨울에 주머니에 손을 넣고 걸으면...?

안 돼요! 빙판에 미끄러지면 크게 다칠 수 있어요. 손이 시리면 장갑을 착용하고, 미끄러지지 않도록 신발은 바닥이 넓고 울퉁불퉁한 것을 신어요.
또 곳곳에 살얼음이 깔려 있을 수 있으니 바닥을 살피며 걸어요.

빙판

꽁꽁 얼었다고 안심하고 호수 위를 걸으면…?

안 돼요! 얼음의 두께가 일정하지 않아 방심하면 깨질 수 있어요. 얼음 구멍에 빠졌을 때는 일단 허우적대지 말고 양팔을 밖으로 걸쳐요. 그다음 볼펜같이 끝이 날카로운 물건으로 얼음판 위를 찍으며 빠져나가요. 다시 얼음이 깨질 수 있으니 걷지 말고, 안전한 곳까지 엉금엉금 기어서 이동해요.

빙판

가까이 오지 말고 119를 불러 줘.

위태위태

춥다고 지하철 환풍기 위를 걸으면…?

안 돼요! 지하철 환풍기에서 나오는 따뜻한 공기는 오염된 공기예요. 오염된 공기가 눈과 피부에 닿거나 호흡기에 들어가면 병을 일으킬 수 있어요.
게다가 환풍기 밑은 수십 미터 낭떠러지예요. 자칫 환풍기 철망이 무너지면 크게 다칠 수 있으니 절대 그 위로 걷지 말아요.

환풍기

전기는 풍선을 타고….

감전

나무 막대기로 고압 전선을 건드리면…?

안 돼요! 나무나 고무는 원래 전기가 통하지 않는 물질이지만 고압의 전류까지 차단하지는 못해요. 철길처럼 전기가 흐르는 곳을 지날 때는 전선에 닿을 수 있는 장대나 풍선 등을 들지 마세요. 연날리기를 할 때도 주위에 전선이 없는지 꼭 확인해요.

슬리퍼를 신고 에스컬레이터를 타면…?

안 돼요! 슬리퍼 끝이 에스컬레이터 틈에 말려들 수 있어요. 목도리나 가방끈도 끼기 쉬우니 주의해요. 또 절대 에스컬레이터 틈에 손가락을 넣지 마세요. 뛰거나 반대로 걸어서도 안 돼요. 도착할 때까지 노란선 안에서 손잡이를 잡고 기다려요.

승강기

대략 난감

맨홀 안에 들어간 물건을 꺼내려 하면...?

안 돼요! 자칫하면 맨홀에 빠져 크게 다칠 수 있어요. 맨홀 안으로 물건이 들어갔다면 과감히 포기해요. 정말 중요한 물건이라면 주변 어른들에게 도움을 요청해요. 관할 구청에 전화를 걸어 도움을 요청하는 방법도 있어요.

맨홀

고드름을 함부로 만지면…?

안 돼요! 슬레이트 지붕에 매달린 고드름은 1급 발암 물질인 '석면'을 포함하고 있을 가능성이 높아요. 눈으로는 깨끗해 보이더라도 함부로 만지거나 먹지 마세요. 고드름에 닿은 옷도 반드시 세탁해요.

고드름

공연장에서 시끄럽게 떠들고 뛰면…?

안 돼요! 여러 명이 모인 장소일수록 질서를 잘 지켜야 해요. 그렇지 않으면 나뿐만 아니라 다른 사람의 안전까지 위협할 수 있어요.
만약 위급 상황이 생기면 우왕좌왕하지 말고 직원의 지시에 따라요. 비상구와 소화기의 위치도 미리미리 확인해 둬요.

공연장

야구장에서 한눈을 팔면…?

안 돼요! 갑자기 날아오는 파울 볼에 크게 다칠 수 있어요. 또 날아오는 공을 맨손으로 잡으려고 하지 마세요. 공을 잡고 싶으면 글러브를 미리 준비해요.
바닥으로 굴러가는 파울 볼을 잡겠다며 막무가내로 뛰거나, 다른 사람과 몸싸움하지 말아요.

경기장

좋아하는 팀을 너무 열정적으로 응원하면…?

안 돼요! 너무 흥분한 나머지 호흡 곤란이나 심장 마비가 올 수 있어요. 승부에 집착하기보다는 경기 자체를 즐기고, 틈틈이 스트레칭을 하며 긴장을 풀어요. 특히 새벽 시간에는 혈압이 높을 때니 조심해요. 물을 마시면 혈압을 낮출 수 있어요.

응원

미끄럼틀에 거꾸로 올라가면…?

안 돼요! 내려오는 친구와 부딪혀 다칠 수 있어요. 순서대로 차례차례 타고, 타고 난 뒤에는 다른 친구를 위해 양보해요. 놀이터에 있는 모든 놀이기구는 정해진 방법에 따라 이용해요. 손에 물건을 들고 놀이기구를 이용하지 말아요.

놀이터

스케이트를 탈 때 뒤로 넘어지면...?

안 돼요! 골반이나 척추를 다치면 아주 위험해요. 무릎을 구부려 무게 중심을 낮춰 앞으로 넘어져요. 이때 보호 장비를 이용해 무릎 보호대, 손목 보호대, 팔꿈치 보호대 순서로 바닥에 닿게 해요. 얼굴이 다치지 않게 고개를 돌리는 게 좋아요.

스케이트

무게 중심을 낮추고

보호대로 착지하면

끝.

맨눈으로 스키를 타면…?

안 돼요! 하얀 눈에 반사된 강한 빛이 각막을 손상시켜 '설맹'을 일으킬 수 있어요.
스키장에서는 반드시 고글이나 선글라스를 착용해요.
높은 곳일수록 자외선이 더욱 강해요. 만약 눈이 따끔거리면 스키 타기를 멈춰야 해요.

스키장

먼저 갈게!

고글만 있었어도….

방파제 구조물 위에서 낚시를 하면...?

안 돼요! 특히 발이 네 개 달린 방파제 구조물 '테트라포드'를 주의해요. 테트라포드의 표면은 미끄러울 뿐만 아니라, 틈 사이에 몸이 빠지면 혼자 힘으로는 탈출이 거의 불가능해요.
방파제 구조물 위에 절대 올라가지 말아요. 특히 밤에는 틈새가 잘 보이지 않으니 더욱 조심해요.

방파제

드론

저게 어떻게 여기까지….

한밤중에 드론을 날리면…?

안 돼요! 어두운 밤이나 안개가 낀 날에 드론을 날리는 건 위험해요.
또 운전 중인 비행기에 방해될 수 있기 때문에, 150m 이상의 높이로 드론을 날려서도 안 돼요. 사람들에게 피해가 가지 않도록 인적이 드문 곳에서 즐겨요.

잠깐!
드론 안전 수칙을 알아보자

드론으로 인한 사고를 줄이기 위해서는 안전 수칙을 지켜야 해요. 특히 항공법에 따라 다음 상황에서 드론 비행이 금지되어 있으니 꼭 알아 둬요.

- 모든 지역에서 150m 이상 높이
- 서울 일부 9.3km, 휴전선 인근 및 기타 지정된 구역
- 전국 비행장 반경 9.3km 이내
- 인구 밀집 지역 또는 사람이 많이 모인 곳의 상공 (축제, 스포츠 경기장 등)
- 안개와 황사 등으로 시야가 좋지 않은 경우
- 야간(해가 진 후부터 뜨기 전까지)

환자 / 기절 / 뇌졸중 / 발작 /
호흡 / 절단 / 질식 / 지혈 / 골절 /
치아 / 화상 / 약품 / 감전 / 경련 /
동상 / 광견병 / 벌침 / 해파리 /
독사 / 독초 / 응급실 / 신고 /
전염병 / 두드러기 / 상비약

위급 상황, 이러면 안 돼요!

다친 사람을 보고도 못 본 척 지나치면…?

안 돼요! 다친 사람을 보면 즉시 ☎119(소방서)나 ☎1339(응급의료센터), ☎112(경찰서)에 신고해요. 호흡은 있는지 심장은 뛰는지 확인하고, 의식이 있다면 편안한 자세를 취하게 해요. 옷이나 담요로 체온을 유지시키며 구조를 기다려요. 수술을 해야 할 수 있으니 음료수를 먹이지 마세요.

환자

숨이 멎은 사람을 그냥 두면…?

안 돼요! 서둘러 인공호흡을 해야 해요. 우선 환자의 목을 뒤로 젖혀 기도를 확보해요. 환자의 코를 막고 가슴이 부풀어 오를 정도로 입안에 공기를 불어 넣어요. 부풀었던 가슴이 다시 가라앉는 것을 확인한 뒤, 5초에 1회 속도로 계속 반복해요.

환자

심장이 멎었다고 포기하면...?

안 돼요! 심장이 멈춰도 6분 내에 심폐소생술을 실시하면 생명을 살릴 수 있어요. 깍지 낀 양손을 환자의 가슴 중앙에 놓고 강하게 30회 압박해요. 이때 양팔을 쭉 펴서 체중을 싣고, 압박이 끝나면 인공호흡을 2회 실시해요. 구급대원이 오기 전까지 계속 반복해요.

기절

심폐소생술만 믿으면…?

안 돼요! 관공서나 주요 시설에 비치된 '자동심장충격기'를 함께 이용하면 효과가 더 좋아요.
환자의 몸에 패드를 붙이고 기계의 선을 연결해요. 준비 완료 후 기계의 지시에 따라 버튼을 눌러요. 감전의 우려가 있으니, 전기 충격이 일어날 때는 환자의 몸에 손을 대지 마세요.

기절

옳지.

작동을 준비할 때도 심폐소생술을 멈추면 안 돼.

잠깐! 심폐소생술을 꼭 알아 두자!

심장 마비가 발생한 환자의 심장과 뇌에
산소가 포함된 혈액을 공급해 주는 응급 처치예요.
심장 마비 발생 후 6분 안에 응급조치를 받으면
환자의 생존율이 3배까지 높아진다고 해요.
구급대원이나 의료진이 도착하기 전 시행하는
심폐소생술이 소중한 생명을 살릴 수 있어요.

① 상태 확인

환자의 양쪽 어깨를 두드려
반응과 호흡 상태를 확인해요.

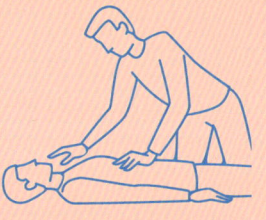

② 도움 요청

주위 사람들에게 상황을 알리고,
119에 신속하게 신고해요.

③ 가슴 압박

양손을 깍지 끼고 가슴 중앙을 30회 압박해요.
팔꿈치를 쫙 펴고 체중을 실어 강하고 빠르게
시행해요. 단, 명치를 피해요.

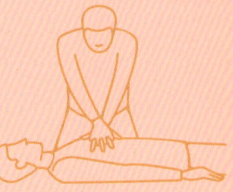

④ 인공호흡

환자의 고개를 뒤로 젖혀 기도를 열어요.
코를 막고 입을 밀착해 1초씩 총 2회 시행해요.
이때 가슴이 부풀어 오르는지 확인해요.

⑤ 가슴 압박과 인공호흡 반복

가슴 압박 30회, 인공호흡 2회를 구조대가
도착할 때까지 번갈아 반복해요.

웃지 못하는 사람을 그냥 두면…?

안 돼요! 뇌졸중이 오고 있는지도 몰라요. 얼굴이 마비되거나 말이 어눌하고 몸의 좌우 대칭이 맞지 않는 사람을 발견하면 즉시 ☎119에 신고해요. 시간은 생명! 3시간 이내에 치료를 받아야 해요. 구조를 기다리는 동안 환자를 눕히고 몸을 편안하게 해 줘요.

뇌졸중

나 지금… 장난치는 거… 아니야.

잠깐만, 거기 119죠?

발작이 일어난 환자를 바로 눕히면…?

안 돼요! 침이나 토사물이 다시 입안으로 들어가 기도를 막을 수 있어요. 발작이 일어난 환자는 왼쪽으로 돌려 눕혀요. 주위에 부딪힐 만한 물건은 치우고, 머리 주변에 충격을 흡수해 줄 수 있는 옷이나 수건 등을 놓아요.

발작

일단 위험한 물건부터 치우자.

갑자기 숨이 찰 때 산소 호흡기를 쓰면...?

안 돼요! 몸속의 산소 농도가 높아져 일어나는 '과다 호흡 증후군'일 수 있어요. 과다 호흡 증후군이 일어나면 일단 몸 안의 이산화 탄소 농도를 높여야 해요. 환자를 편안한 자세로 눕히고 몸을 조이는 단추를 풀어 줘요. 봉투나 비닐로 입을 덮어 내쉰 이산화 탄소를 다시 들이마시도록 해요.

호흡

절단된 손가락에 약을 바르면…?

안 돼요! 약을 바르면 신경이 손상되어 봉합을 할 수 없게 돼요. 우선 절단된 손가락을 깨끗한 거즈나 손수건에 싸고 비닐 주머니에 넣어 꽉 묶어요. 그걸 다시 얼음이 채워진 비닐 주머니에 넣은 후 얼른 병원으로 달려가요.

절단

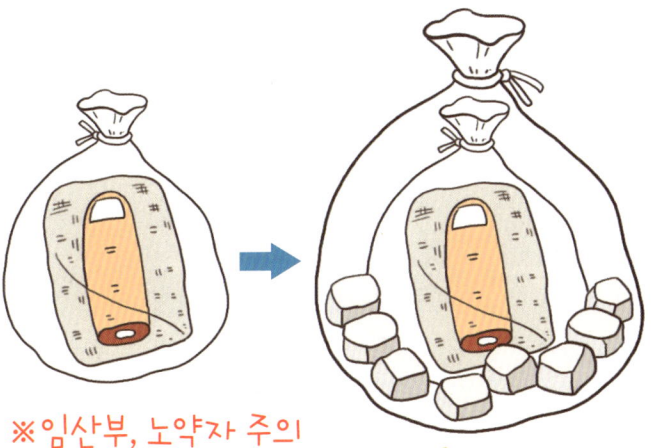

※임산부, 노약자 주의

목에 걸린 음식물을 손가락으로 빼내면…?

안 돼요! 오히려 음식물이 목 안 깊숙이 들어가 기도를 막을 수 있어요. 흥분하지 말고 억지로 기침을 해 봐요. 그래도 안 되면 배꼽과 명치 사이를 주먹으로 세게 눌러요. 의자나 책상의 모서리를 이용해도 좋아요. 누군가 곁에 있다면 뒤에서 세게 끌어안으면서 갈비뼈 바로 아랫부분을 눌러 줘요.

지혈대로 출혈 부위를 압박하면…?

안 돼요! 근육이나 조직에 손상을 줄 수 있기 때문에 지혈대는 최후의 방법으로 사용해요. 또 지혈대를 상처 부위에 직접 닿게 해서도 안 돼요.
먼저 수건이나 붕대로 상처 부위를 눌러요. 상처 부위에서 몸통 쪽으로 가장 가까운 동맥 부위를 압박하고, 다친 곳을 심장보다 높은 곳에 위치하게 해요.

지혈

코피가 날 때 고개를 뒤로 젖히면…?

안 돼요! 피가 목으로 넘어가면 기도가 막힐 수 있어요. 고개를 살짝 숙이고 콧방울 부위를 지그시 눌러 줘요. 손수건이나 휴지로 피가 흐르는 것만 가볍게 막아요. 휴지로 콧속을 막은 뒤 콧등을 차가운 물이나 얼음으로 찜질해요.

지혈

다리가 부러진 친구를 업고 병원을 가면...?

그냥 구급차 올 때까지 기다리자.

휘청휘청
위태위태
불안불안

골절

안 돼요! 부러진 뼈가 신경이나 혈관 또는 근육을 손상시킬 수 있어요. 무리하게 환자를 옮기지 말고 119 구급대가 올 때까지 기다려요. 심각한 상황이라면 상처 부위를 깨끗한 물로 소독하고 책이나 잡지, 담요 등으로 뼈가 움직이지 않게 고정해 둬요.

부러진 치아를 물에 담그면...?

안 돼요! 물에 담거나 소독을 하면 치아의 신경이 모두 죽어 버려요. 그러면 되살릴 수 없어요. 부러지거나 빠진 이는 우유 속에 넣은 채로 치과에 달려가요. 신경이 많이 분포한 뿌리 쪽은 손대지 않도록 주의해요. 만약 우유가 없다면 혀 밑에 넣고 가요.

불에 뎄을 때 치약을 바르면…?

안 돼요! 일시적으로 시원한 느낌이 들 수는 있겠지만 곧 상처가 덧나고 말 거예요. 얼음을 대도 안 되고, 된장이나 바셀린을 발라도 안 돼요.
불에 덴 부위는 일단 흐르는 물로 신속하게 식혀 줘요. 화상이 심하다면 수건이나 거즈로 화상 부위를 덮고 병원에 가요. 절대 멋대로 물집을 터트리지 말아요.

화학 약품에 데었을 때 중화제를 사용하면...?

안 돼요! 중화되는 과정에서 열이 발생해 오히려 피부가 손상될 수 있어요. 우선 흐르는 물로 상처 부위를 씻어 내고, 화학 약품이 묻은 옷도 벗어요. 깨끗한 거즈로 상처 부위를 덮고 병원으로 가요. 이때 거즈로 상처 부위를 문지르지 말아요.

감전된 친구를 함부로 만지면...?

안 돼요! 함께 감전될 수 있어요. 감전된 환자를 만질 때는 먼저 전기가 통하지 않는 도구를 사용해요. 호흡과 맥박을 확인하고 의식이 없으면 심폐소생술을 진행해요. 반드시 ☎119에 신고하고, 겉으로 멀쩡해 보이더라도 꼭 병원에 데려가요.

감전

다리에 쥐가 났을 때 코에 침을 바르면...?

안 돼요! 코에 침을 바르는 건 아무 도움도 안 돼요. 편안한 자세로 앉은 다음, 다리를 쭉 펴고 발끝을 발등 쪽으로 끌어당겨요. 쥐가 난 부위는 마사지하고, 따뜻한 수건으로 찜질해 주는 게 좋아요. 충분히 휴식을 취해 다시 발생하는 일을 막아요.

경련

동상에 걸린 발을 뜨거운 물에 담그면…?

안 돼요! 오히려 화상을 입을 수 있어요. 동상에 걸린 부위는 섭씨 40도 내외의 미지근한 물에 담가 서서히 녹여요. 혹시 물집이 생겨도 터트리거나 문지르지 말아요. 비타민과 단백질이 풍부한 음식을 섭취하면 회복에 도움이 될 거예요.

동상

네 발은 소중하니까.

고, 고마워.

동상으로 싹트는 우정….

작은 개한테 물렸다고
대수롭지 않게 생각하면…?

안 돼요! 개의 입안에 있는 세균에 감염될 수도 있어요. 개에 물리면 즉시 흐르는 물로 소독해요. 처음에 나오는 피는 흘려보낸 후에 지혈을 시작해요.
특히 주인 없는 개에 물렸다면 '광견병'에 걸릴 우려가 있으니 즉시 병원에 가요.

광견병

가렵다고 벌에 쏘인 부위를 문지르면…?

안 돼요! 독이 오히려 빠르게 퍼질 수 있어요. 벌에 쏘였을 때는 먼저 벌침부터 빼내야 해요. 칼이나 집게를 사용하거나, 신용카드로 긁어 벌침을 제거해요. 2차 감염을 막기 위해 상처 부위를 깨끗이 씻고, 알레르기 반응이 보이면 곧바로 병원에 가요.

벌침

해파리에 쏘였을 때 식초를 바르면...?

안 돼요! 오히려 독이 빠르게 퍼질 수 있어요. 쏘인 부위를 손으로 문지르지 말고, 먼저 바닷물이나 생리식염수로 닦아 내요.
몸에 박혀 있는 해파리의 촉수를 핀셋으로 제거한 뒤에 냉찜질을 해요. 만약 호흡 곤란이 온다면 즉시 의료진의 도움을 받아요.

독사에 물린 부위를 입으로 빨면…?

안 돼요! 독에 함께 감염될 수 있어요. 먼저 환자를 안전한 곳으로 옮겨야 해요. 환자의 심장이 상처 부위보다 위쪽에 있도록 하고, 독이 더 퍼지지 않게 물린 부위와 심장 사이를 끈으로 묶어요.
환자를 문 뱀의 모습을 기억해 두면 치료에 큰 도움이 돼요.

독사

산속에 자라는 아무 풀이나 뜯어 먹으면…?

안 돼요! 독초도 겉보기에는 식용 식물과 비슷한 경우가 많아요. 또 익혀 먹으면 괜찮지만, 날로 먹으면 위험한 경우도 있어요.
확인되지 않은 나물이나 약초는 절대 먹지 말아요. 경련이나 호흡 곤란 등의 증상이 일어나면 즉시 진료를 받아요.

독초

아프다고 무조건 대학 병원 응급실로 달려가면...?

안 돼요! 대학 병원 응급실은 항상 붐벼서 오래 기다려야 해요. 게다가 위독한 환자가 오면 진료 순서가 점점 뒤로 밀려요. 감기나 두통, 가벼운 복통 때문이라면 근처에 있는 2차 병원을 이용해요.

응급실

손가락을 베어서···

119에 신고하면서 흥분하면…?

안 돼요! 상담원의 지시에 따라 어떤 사고인지, 어디서 일어났는지, 환자가 어떤 상태인지, 환자의 성별과 나이는 어떤지 천천히 또박또박 말해요. 통화가 길어져도 조급해하지 말아요. 그동안에도 119 구급대는 열심히 출동 준비를 하고 있답니다.

불이 났을 때는 어떻게 할까?

① 침착하게 전화 119번을 눌러요.

② 불이 났다고 말해요.

③ 불이 난 장소와 주변 상황을 자세히 설명해요.
(예: 주방에 불이 났어요. 2층 집이에요. 사람이 안에 있어요.)

④ 주소를 말해요.
(예: ○○구 ○○길이에요. ○○초등학교 뒤쪽 골목에 있어요.)

⑤ 119에서 먼저 전화를 끊기 전까지 통화를 계속해요.
공중전화는 동전을 넣지 않아도 긴급 전화를 사용할 수 있어요. (119, 112 등)

⑥ 119는 화재 신고는 물론 인명 구조, 응급 환자 이송 등을 요청하는 번호예요. 장난 전화는 절대로 하지 말아요.

현관문이 열리지 않는다고 119에 전화하면…?

안 돼요! 119는 화재 예방 및 진압, 긴급 구조와 구급 활동의 임무를 맡고 있어요.
현관문이 고장 났다면 가까운 열쇠 수리점을 찾아요. 개인적인 일을 119에 부탁하면, 같은 시각 위급한 상황에 놓인 사람들이 도움을 받을 수 없으니까요.

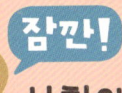

잠깐! 상황에 따른 긴급 전화번호

접수 내용	전화번호	관련 기관
간첩 신고	111	국가정보원
범죄 신고	112	경찰청
화재, 구조, 구급, 재난, 응급의료, 병원 정보	119	119 안전신고센터
감염병 신고, 질병 관련 정보	1339	보건복지부 질병관리본부
마약, 범죄 종합 신고	1301	검찰청
군사 기밀, 간첩, 방산 스파이 신고	1337	국군기무사령부
사이버 범죄	118	한국인터넷진흥원
밀수 사범 신고	125	관세청
해양 긴급 신고	122	행정안전부

집에 오자마자 손으로
음식을 집어 먹으면…?

안 돼요! 우리가 매일 만지는 휴대폰, 버스 손잡이, 지폐 등에는 엄청나게 많은 미생물과 세균이 살고 있어요. 집에 돌아오면 손부터 깨끗이 씻어야 해요. 물만 대충 묻혀서는 안 돼요. 비누나 전용 세정제로 손가락, 손톱, 손바닥, 손등, 손목까지 구석구석 씻어요.

전염병

외국 모기를 얕보면…?

안 돼요! 모기가 옮기는 병에 감염될 수 있어요. 특히 다른 나라의 전염병은 우리 몸에 치명적이에요. 해외에 나가기 전에는 반드시 예방 주사를 맞고, 여행 중에도 모기에 물리지 않게 주의해요. 만약 물렸다면 귀국한 후에 의료 기관을 찾아 다녀온 나라를 말해요.

전염병

전염병으로부터 병원이 안전하다고 생각하면…?

안 돼요! 많은 환자들이 모이는 병원은 오히려 전염병을 옮기는 장소가 될 수 있어요. 전염병이 유행할 때는 심각한 증상이 아니라면 되도록 병원을 방문하지 말아요. 극장이나 쇼핑몰처럼 사람이 많이 모이는 곳도 가급적 피해요.

전염병

아무 때나 시골로 놀러 가면…?

안 돼요! 혹시 전염병이 유행하고 있는 지역은 아닌가요? '조류 인플루엔자'가 유행하는 동안에는 닭이나 오리를 키우는 농가에 방문하지 말아요. 또 닭이나 오리를 먹을 때 반드시 익혀 먹어요.
새뿐만 아니라 주인 없는 개나 고양이를 만져서도 안 돼요. 야생 동물을 만졌다면 즉시 손을 깨끗이 씻어요.

전염병

두드러기를 대수롭지 않게 생각하면...?

안 돼요! 벌레에 물리거나 어떤 약이나 음식을 먹은 뒤 발생한 두드러기를 얕봐서는 안 돼요. 만약 쇼크가 오면 사망까지 이를 수 있어요.

두드러기가 발생하면 반드시 병원에 가요. 특히 얼굴이 붓거나 가슴이 답답한 호흡 곤란 증세가 나타나면 위험한 상태예요.

집 앞에 약국이 있다고 상비약을 준비하지 않으면…?

안 돼요! 약국이 문을 닫은 한밤중에도 위급 상황은 발생할 수 있으니까요. 진통제, 해열제, 소독약, 반창고, 붕대와 같은 기본적인 의약품은 꼭 미리미리 준비해 둬요. 약국도 문을 닫고 비상약도 없는 위급 상황에는 '안전 상비 의약품' 스티커가 붙은 편의점을 찾아가요.

상비약

※미리미리 준비합시다.

밀수 / 테러 / 사이버 /
사기 / 납치 / 신고 / 도둑 /
횡령 / 폭력 / 추행 / 유출 /
차량 / 호신 / 여행 / 귀가

범죄 상황,
이러면 안 돼요!

공항에서 다른 사람의 가방을 대신 들어 주면…?

밀수

안 돼요! 그 가방 안에 마약이나 무기처럼 가지고 들어가면 안 되는 물건이 있을 수도 있어요. 그런 물건이 공항 검색대에서 발견되면 꼼짝없이 밀수범으로 몰리게 돼요. 절대 모르는 사람의 물건을 대신 들어 주지 말아요. 만약 끈질기게 계속 부탁해 오면 공항 직원에게 도움을 청해요.

버려진 가방을 함부로 열어 보면…?

안 돼요! 가방 안에 폭탄이 있을 수 있어요. 수상한 가방을 발견하면 경찰에 신고하고, 멀찌감치 떨어져요. 만약 폭탄이 터지면 바닥에 바짝 엎드려 손으로 머리를 보호해요. 연달아 터질 가능성이 있으니 폭발이 한 번 멈췄다고 안심하면 안 돼요.

테러

누군지 잡히기만 해 봐!

뿅

수상한 우편물을 함부로 열어 보면…?

테러

안 돼요! 공포의 백색 가루로 알려진 '탄저균' 테러일 수 있어요. 우편물을 열지 말고 먼저 보건소나 경찰서 등 기관에 신고해요. 우편물에서 분말이 흘러나온다면 일단 옷이나 비닐로 덮어요. 그다음 근처에 모든 문을 닫아 균이 더 확산되는 것을 막아야 해요.

총을 든 테러범을 노려보면...?

안 돼요! 테러범의 표적이 될 수 있어요. 근처에서 총격 테러가 발생하면 자세를 낮추고 안전한 곳으로 숨어요. 소리를 질러서도, 섣불리 반항해서도 안 돼요. 죽은 척 누워 있는 것도 좋아요. 만약 탈출 기회가 생겼다고 해도 벌떡 일어나지는 말아요.

테러

누구든 눈에 띄기만 해.

눈 마주치지 말자.

독가스가 살포될 때 숨을 쉬면…?

안 돼요! 화학 테러가 벌어지면 즉시 숨을 참고 주변에 비치된 방독면을 찾아요. 방독면이 없다면 손수건이나 옷가지로 입과 코를 막아요.
바람이 부는 방향에 맞서 달리며 신속히 그곳에서 도망쳐요. 멀리 벗어난 후에는 맑은 공기를 천천히 들이마시고, 서둘러 샤워를 해요.

아무 사이트나 가입하면...?

안 돼요! 그곳이 믿을 만한 사이트인지 먼저 확인해요. 은행으로 위장하고 개인 정보를 빼 가는 경우도 있으니 주의해요.
여럿이 함께 쓰는 컴퓨터는 사용 후에 꼭 로그아웃을 해요. 보안 프로그램은 최신 버전으로 업데이트 하고, 이용하지 않는 사이트는 탈퇴해요.

사이버

1, 2, 3, 4...

비밀번호가 너무 쉬운 거 아니야?

아무 문자나 열어 보면...?

사기

안 돼요! 모르는 번호로 이상한 문자가 왔을 때는 열어 보지 말고 바로 지워요. 아는 사람의 번호라도 인터넷 주소 링크는 신중하게 클릭해요.
악성 프로그램이 휴대폰 속의 정보를 몽땅 가져갈 수 있으니, 중요한 정보는 함부로 저장하지 말아요. 피해를 입었을 때는 바로 신고해서 추가 피해를 막아요.

경찰이라고 해서 믿고 비밀번호를 알려 주면…?

안 돼요! 경찰서를 비롯한 관공서에서는 절대 통장이나 인터넷 사이트의 비밀번호를 묻지 않아요. 그런 전화라면 겁먹지 말고 바로 끊어요. 그래도 계속해서 전화가 오면, 이름과 소속을 묻고 직접 경찰서에 전화를 걸어 확인해요. 이때도 범인이 진짜 경찰의 이름을 도용했을 수 있으니 주의해요.

사기

착하게 생겼다고 믿고 따라가면…?

안 돼요! 납치범이라고 해서 특별히 흉악하거나 심술궂게 생긴 건 아니에요. 납치범들도 보통 사람들과 똑같은 겉모습을 하고 있어요.
몇 번 본 사람이라도 긴장을 늦추진 말아요. 오히려 납치를 위해 계획적으로 치밀하게 접근했을 수 있어요.

얼핏 보면 이래도…

실상은 이럴 수 있다는 사실.

※겉모습으로 판단하지 맙시다!

차에 탄 사람이 길을 물어 가까이 다가가면...?

안 돼요! 납치 범죄의 위험이 있으니 차 가까이로 절대 다가가지 마세요. 주변 어른에게 대신 길을 알려 주도록 부탁해요.
요즘 차에는 내비게이션이 있기 때문에 길을 물을 일은 거의 없어요. 자꾸 말을 걸며 방향이 같으니 태워 준다고 하더라도 절대 타지 말아요.

납치

납치범에게 거칠게 저항하면…?

납치

안 돼요! 이미 납치되었다면 순순히 납치범의 지시에 따르는 게 좋아요. 위치 추적이 가능하도록 휴대폰을 켜 두고, 만약 들켰다면 순순히 휴대폰을 내놓아요. 납치범이 집에 전화를 걸어 몸값을 요구할 때, 무리하게 지금 있는 위치를 알리려 하지 마세요.

트렁크에 갇혔을 때 억지로 문을 열려 하면...?

안 돼요! 트렁크 안쪽에도 문을 열 수 있는 레버가 있어요. 레버를 잡아당기거나 밀면 트렁크 문이 열어요. 레버가 없다면 열쇠 구멍과 연결된 막대기 모양의 로드를 움직여요. 그것도 안 된다면 가장 약한 후미등 부분을 힘껏 부순 다음, 손을 내밀어 도움을 요청해요.

납치

차 안에서 소매치기를 보고 크게 소리를 지르면…?

신고

안 돼요! 보통 소매치기는 2인 1조로 활동하므로, 소리를 질렀다가는 곧바로 보복을 당할 수 있어요. 일단 아무도 눈치채지 못하게 휴대폰으로 신고해요. 전화보다는 ☎112에 문자를 보내는 것이 더 좋아요. 상황을 봐서 운전 기사에게 상황을 귀띔해요.

급하지 않은 일을 112에 신고하면…?

안 돼요! 긴급한 일이 아니라면 ☎110(정부 민원 안내 콜센터)로 전화해요. 각종 생활 민원, 소방이나 범죄에 관한 상담도 해결할 수 있어요.
☎112나 ☎119와 같은 긴급 전화는 도움이 급한 사람들에게 양보해요.

신고

신문 배달을 멈추지 않고 휴가를 떠나면…?

도둑

안 돼요! 현관문 앞에 신문이 쌓이게 두면 도둑에게 집이 비었다는 걸 알려 주는 셈이에요. 오랫동안 집을 비울 때는 신문이나 우유 배달을 멈춰야 해요.
집을 비울 때는 문단속을 철저히 해요. 집 안에 라디오를 켜 놓거나 TV 알람을 맞춰, 집에 사람이 있는 것처럼 꾸며요. 경찰에게 순찰을 부탁해도 좋아요.

집을 오래 비우나 보군.

도어락 번호키를 무심코 누르면…?

안 돼요! 누군가 번호키 누르는 걸 몰래 엿보고 있을지도 몰라요. 번호키를 누르기 전에 항상 주변에 사람이 있는지 살펴봐요.
또 무심코 입으로 비밀번호를 말하며 눌러도 안 돼요.
도어락 비밀번호는 자주 바꾸도록 해요.

도둑

엄마 친구라고 덥석 현관문을 열어 주면…?

도둑

안 돼요! 누구인지 잘 확인해야 해요. 부모님과 아는 사이라거나 약속을 했다고 말하면, 그 자리에서 먼저 부모님에게 전화를 걸어요.
상대방이 재촉해도 당황하지 말아요. 거절했는데도 돌아가지 않는다면 경비실이나 112에 바로 신고해요.

통장에 들어온 모르는 돈을 마음대로 쓰면...?

안 돼요! 누군가 잘못 입금한 돈일 수 있어요. 그런 돈을 사용하는 건 길거리에서 주운 돈을 멋대로 쓰는 것과 같아요. 모르는 돈이 내 통장에 들어왔다면 즉시 은행에 알려 주인에게 돌려줘요.

횡령

이게 웬 횡재.

지켜보고 있다.

친구의 괴롭힘을 꾹 참기만 하면...?

안 돼요! 친구가 괴롭힐 때는 확실히 싫다는 의사를 밝혀야 해요. 꾹 참기만 하거나 너무 흥분하면 가해 학생들의 행동이 점점 더 심해질 수 있어요.
학교 폭력을 당했다면 고민하지 말고 반드시 부모님이나 선생님에게 알리세요. 보복을 두려워하지 말고, 학교와 경찰을 믿어요!

잠깐! 학교 폭력이 일어났을 때는?

혹시 학교 폭력으로 인해 피해를 받고 있거나
피해를 당하는 장면을 목격했다면,
고민하지 말고 꼭 주변에 도움을 청하세요.

학교 폭력 신고상담센터
☎ **117**

전국에서 발생되는 학교 폭력 신고를 접수하고, 긴급 구조, 수사 지시, 법률 상담, 관련 기관 연계 등을 통한 도움을 줘요.

헬프콜 청소년 전화
☎ **1388**

청소년의 일상적인 상담부터 가출, 학업 중단, 인터넷 중독까지 다양한 상담 서비스를 제공해요.

청예단 학교폭력SOS지원단
☎ **1588-9128**

학교 폭력 문제에 대한 신고 및 전화 상담을 지원해요.

탁틴내일
☎ **02)3141-6191**

성 고민 및 성폭행 상담실을 운영하고, 음란물 및 인터넷 중독과 관련해서도 도움을 줘요.

동성이 내 몸을 만졌다고 참으면...?

안 돼요! 남자든 여자든 상대방이 원하지 않는 신체 접촉을 하는 건 성추행이에요. 누군가 허락 없이 내 몸을 만지면 단호하게 싫다고 말해요.
성범죄를 당한 건 결코 내 잘못이 아니에요. 부끄러워하지 말고 주변에 도움을 청하세요.

고지서를 폐지함에 넣어 버리면…?

안 돼요! 누군가 나쁜 마음을 먹고 쓰레기를 뒤져 범죄에 이용할지도 몰라요. 공과금 고지서, 의료 보험증, 등본 등 개인 정보가 적힌 종이는 남이 알아보지 못하게 칠을 하거나 잘게 잘라서 버려요. 종이 대신 이메일로 고지서를 받는 것도 좋은 방법이에요.

유출

요금이 적은 걸 보니 혼자 사는 게 틀림없군.

번호판이 80하-XXXX인 택시를 타면…?

안 돼요! '하, 허, 호'는 렌터카에만 붙은 글자예요. 그리고 택시와 같은 영업용 차량은 '아, 바, 사, 자' 중 하나만 붙어요.
또한 글자 앞의 숫자는 차량 종류를 뜻해요. 01~69 사이는 승용차, 70번대는 승합차, 80번대 이후는 화물차예요. 택시에는 '80'이라는 숫자가 붙을 수 없어요.

잠깐! 차량 번호판에 숨은 비밀

차량 번호판에 있는 한글은 차의 용도를 알려 줘요. 단, 군용, 외교용 등 특수 차량은 예외랍니다.

02허 9757

분류		기호
비사업용		가, 나, 다, 라, 마, 거, 너, 더, 러, 머, 버, 서, 어, 저, 고, 노, 도, 로, 모, 보, 소, 오, 조, 구, 누, 두, 루, 무, 부, 수, 우, 주
영업용	일반	아, 바, 사, 자
	택배	배
	렌터카	허, 하, 호

택시 안에서 주는 음식을 먹으면…?

차량

안 돼요! 음식 속에 수면제가 들어 있을 수 있어요. 모르는 사람이 주는 음식은 되도록 먹지 말아요. 택시에 타기 전에 차량 번호를 외워 가족이나 친구에게 문자로 알려요. 앞좌석보다는 뒷좌석에 앉는 것이 안전해요. 목적지를 구체적으로 말하고, 합승은 단호히 거부해요.

호신술을 배웠다고 칼 든 상대와 싸우려 하면…?

안 돼요! 아무리 무술 실력이 뛰어나더라도 칼을 든 사람과 싸우는 건 매우 위험해요. 칼 든 상대와 마주쳤다면 무조건 도망가요.
막다른 골목에 몰렸다면 그때 그동안 배운 호신술을 사용해요. 만약 상대가 쓰러졌다면, 안심하지 말고 도망쳐 신고해요.

호신

해외여행을 떠나기 전에 신호등을 확인하지 않으면…?

안 돼요! '여행 경보 신호등'으로 나의 방문 지역이 범죄와 테러로부터 안전한지 미리 확인해요.
이미 여행 중이라도 황색등이나 적색등이 들어왔다면 여행을 중단하고 돌아가요. 특히 흑색등이 들어온 지역에는 절대 가면 안 돼요.

여행

잠깐! 여행 경보 제도에 대해 알아볼까?

'여행 경보 제도'는 어떤 국가를 여행하거나 머물 때, 그곳의 위험 수준을 안내하는 제도예요. 해외로 나갈 경우 참고해 안전한 여행을 계획해요.

남색경보 — 여행 유의
▶ 여행 중 안전에 유의해요.

황색경보 — 여행 자제
▶ 여행 중 안전에 특히 유의해요.
▶ 꼭 여행을 가야만 하는지 고민해요.

적색경보 — 철수 권고
▶ 급한 일이 아니라면 한국으로 돌아가요.
▶ 가급적이면 여행을 취소하거나 늦춰요.

흑색경보 — 여행 금지
▶ 즉시 한국으로 돌아가요. 철수!
▶ 절대 여행 가지 말아요.

안전한 나라라고 방심하면…?

여행

안 돼요! 해외 유명 관광지에는 관광객들의 지갑을 노리는 소매치기들이 많아요.
누군가 다가와 말을 걸 때는 특히 조심해요. 가방은 가급적 앞으로 매고, 지갑은 따로 챙겨요. 여행객인 것을 너무 티내도 범죄의 표적이 될 수 있으니 주의해요.

한밤중에 으슥한 골목을 혼자 다니면...?

안 돼요! 사람들의 발길이 드물거나 가로등이 없는 곳은 여러 명이 함께 다니세요. CCTV의 위치를 미리 확인하고 촬영 시야에서 벗어나지 않도록 해요. 조용히 전화 통화를 하면서 걷거나, 가족들이 마중 나오도록 부탁해요. '귀갓길 안전 서비스'를 활용하는 것도 좋아요.

귀가

경보 / 식량 / 대피 / 가스 /
핵 / 연락 / 감염 / 심리

전쟁 상황, 이러면 안 돼요!

경보

사이렌이 울린다고 겁부터 먹으면…?

안 돼요! 우선 사이렌 소리를 잘 들어 봐요. 소리에 따라 상황도 다르고 대처 방법도 달라요.
같은 음이 1분간 계속되면 적의 공격이 예상된다는 뜻이에요. 3분간 음이 오르락내리락하면 적의 공격이 가까워졌다거나 진행 중이란 의미예요. 그 밖의 상황은 음성으로 알려 주니 그때그때 지시에 따라요.

경보에도 종류가 있다고?

	경계경보	공습경보	경보 해제
사이렌	1분간 평탄	3분간 파상	
종	1분간 3연타	3분간 난타	
깃발	황색	청색	녹색
행동	활동을 멈추고 대피 준비를 해요. 특히 노인, 유아는 미리 움직여요.	모두 정부의 지시에 따라 움직이고 대피해요.	하던 일을 계속해요. 다른 공격에 대비해 긴장을 늦추지 말아요.

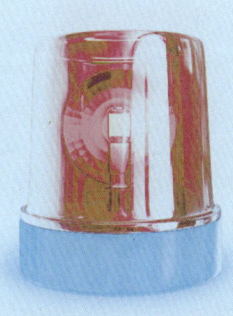

식량

비상식량을 미리 준비해 놓지 않으면...?

안 돼요! 전쟁이 일어나면 더 이상 먹을거리를 살 수 없어요. 만약의 상황을 대비해 한 달 정도의 비상식량을 준비해 두면 좋아요. 쌀이나 밀가루, 조리가 쉬운 통조림, 즉석식품, 라면 등이 적당해요. 식수도 꼭 챙겨 두고, 유통 기한이 지난 것은 그때그때 교체해요.

경계경보가 떨어졌다고 도망갈 생각부터 하면…?

대피

안 돼요! 대피하기 전, 더 큰 피해를 막기 위해 대비해야 해요. 집 안에 있는 석유와 가스통을 안전한 곳으로 옮기고, 가스 밸브를 잠그고 전기 코드를 뽑아요. 밤에는 모든 전등을 끄세요. 이동할 때는 노약자를 먼저 보호하고, 준비해 둔 비상 물품을 잘 챙겨요.

불똥이 튀면 집이 홀라당 탈 수 있어.

근데 이거 나 혼자 들기 힘들어.

낑 낑

공습경보를 듣고 건물 꼭대기로 대피하면...?

안 돼요! 건물 안이라면 지하실이나 가장 아래층으로 대피해요. 차를 타고 있다면 즉시 차를 공터나 도로 오른쪽에 세워요. 만약을 위해 자동차 키는 차에 꽂은 채 두고 대피소를 찾아가요.
대피소를 찾지 못했다면 도랑이나 움푹 파인 곳에 엎드려 몸을 숨겨요.

내 주변의 대피소를 미리 알아 두지 않으면…?

대피

안 돼요! 전쟁이 나면 통신이 모두 마비될 거예요. 평소에 미리 대피소의 위치를 확인해 둬야 해요. 대부분 관공서나 아파트 지하 주차장이 대피소로 지정되어 있어요. '국민재난안전포털'에 접속하거나 '안전디딤돌' 앱을 이용하면 가까운 대피소의 위치를 쉽게 알 수 있어요.

반려동물을 대피소로 데려가면…?

안 돼요! 시각 장애인 안내견과 같은 동물이 아니라면 대피소에 함께 들어갈 수 없어요.
전쟁이 나면 반려동물을 전용 운반 용기에 넣고, 사료와 목줄, 약, 건강기록카드 등을 챙겨요. 만약을 위해 애완동물의 사진을 찍어 두세요.

공격이 예상된다고 무조건 대피소로 달려가면…?

안 돼요! 화학 무기로 공격할 때는 지하 대피소가 오히려 위험해요. 이때는 방독면이나 마스크를 착용하고 고층 건물의 실내로 대피해요. 실내에서는 바깥 공기가 들어오지 않도록 출입문과 창문 틈을 테이프로 막아요. 화학 무기에 노출되었다면 비누로 깨끗이 씻고, 오염된 옷은 단단히 밀봉해요.

가스

화생방 공격 시 화재용 방독면을 쓰면…?

안 돼요! 화재용 방독면이 독가스를 100% 막아 주진 못해요. 방독면은 용도에 맞게 사용해야 해요. 또한 방독면 정화통의 유효 기간이 지나지 않았는지도 확인해요. 기한이 지나지 않았어도 포장을 뜯어 놓았다면 아무 효과가 없으니 사용하지 말아요.

핵폭탄이 터지는 모습을 구경하면…?

핵

안 돼요! 아무리 멀리서라도 맨눈으로 보면 실명할 수 있어요. 핵폭발이 예상되면 즉시 지하 대피소로 대피해요. 미처 대피할 상황이 못 된다면 핵폭발이 일어난 반대 방향으로 엎드린 뒤 눈과 귀를 막아요. 핵폭발이 끝날 때까지 절대 일어나지 마세요.

폭발이 끝날 때까지 이대로 있어.

핵폭탄이 터진 후에도 안심하면…?

안 돼요! 핵폭발보다 더 무서운 게 핵폭발 후 하늘에서 떨어지는 방사능 낙진 피해예요. 핵폭발이 끝난 후에는 신속히 낙진 지역을 벗어나요.
멀리 가기 어렵다면 가능한 지하 깊은 곳으로 대피해요. 이동할 때는 비닐 옷이나 우산으로 몸을 보호해요.

만날 장소를 미리 정해 놓지 않으면…?

연락

안 돼요! 전쟁 중에는 전화나 문자를 할 수 없어요. 가족과 헤어졌을 때를 대비해 다시 만날 곳을 미리 정해 놔요. 1차 집결지는 가까운 곳으로, 2차 집결지는 멀리 떨어진 곳으로 정해요. 먼 곳에 사는 친척의 집을 알아 두면 유용할 거예요.

감염

전쟁 중에 수돗물을 마시면...?

안 돼요! 전쟁 중에는 하수 처리장도 멈춰 버리기 때문에 수도에서 나오는 물이 깨끗하지 않아요. 더구나 적의 화학 공격으로 하수도가 이미 오염되었을 가능성도 있어요. 생수나 오염 검사를 마친 물이 아니라면 절대 마시지 말아요.

하늘에서 떨어진 전단지를 보고 동요하면...?

심리

안 돼요! 적군이 우리 국민에게 혼란을 주기 위해 만든 불법 유인물일 가능성이 높아요. 그런 전단지를 발견하거나 움직임이 수상한 사람을 보면 ☎111(국가정보원)이나 ☎113(경찰청)으로 신고해요. 특히 전쟁 중에는 정부의 공식 안내만 믿고 따라요.

주거 / 식수 / 불 / 소금 /
식량 / 구조 / 심리

조난 상황, 이러면 안 돼요!

주거

땅이 축축한 곳에 집을 지으면...?

안 돼요! 지대가 낮고 축축한 곳보다 높고 건조한 곳이 집을 짓기에 적당해요. 마실 물이나 식량을 구하기 쉬운 곳이면 더 좋아요. 그렇다고 강이나 호수와 너무 가까운 곳은 위험해요. 벌레가 많거나 동물이 지나간 흔적이 있는 곳도 가급적 피해요.

그 사이에 물이 찼네….

목이 마르다고 바닷물을 마시면…?

식수

안 돼요! 바닷물 속에 든 소금기가 오히려 갈증을 일으킬 거예요. 커다란 그릇과 작은 그릇을 준비해요. 커다란 그릇에 바닷물을 담고, 작은 그릇을 위에 띄워요. 큰 그릇의 윗부분을 비닐로 덮고 위에 작은 돌을 올려요. 그 상태로 데우거나, 해가 있는 곳에 두면 소금이 증발된 물이 작은 그릇 안에 모일 거예요.

식수

붕어가 사는 하천의 물을 마시면...?

안 돼요! 붕어나 메기가 사는 물은 사람이 마실 수 없는 '3급수'에 해당해요. 물속에 산천어나 버들치, 가재와 같은 갑각류가 살면 마셔도 괜찮아요. 다슬기나 피라미가 산다면 그냥 마시지 말고 침전이나 여과의 방법을 통해 걸러 마셔요.

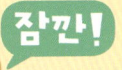
물고기로 수질을 구별한다고?

수질은 크게 1급수에서 4급수로 나눠지며, 서식하는 물고기를 통해 깨끗한 정도를 알 수 있어요.

1급수 산천어, 열목어, 버들치, 가재
아주 맑아서 그냥 마실 수 있는 물이에요.

2급수 갈겨니, 쉬리, 자가사리, 은어
마실 수는 없으나 목욕은 가능한 물이에요.

3급수 잉어, 붕어, 뱀장어, 메기
목욕도 할 수 없는 탁한 물이에요.

4급수
4급수는 검고 썩은 냄새가 나는 물이에요.
어떤 물고기도 살 수 없어요.

불

춥지 않다고 불을 피우지 않으면 …?

안 돼요! 야생 동물의 습격을 막기 위해서라도 불은 항상 피워 놓아야 해요. 라이터나 성냥이 없다면 마른 나뭇가지를 비벼 불을 만들어요. 돋보기나 안경을 이용하거나 비닐 위에 반원 형태로 물을 고이게 한 다음 햇볕을 모아 불을 피울 수도 있어요.

역시 난 천재야.

소금을 먹지 않으면…?

안 돼요! 소금을 섭취하지 않으면 생존할 수 없어요. 바닷물을 증발시켜 소금을 얻어요. 사하라 사막 한가운데 있다면 구덩이를 파고 물을 부어 모래 속에 있는 소금을 얻을 수 있어요. 동물의 피에도 소금 성분은 있지만 기생충에 감염될 수 있으니 주의해요.

배고프다고
아무 열매나 따 먹으면...?

안 돼요! 독이 있거나 알레르기 반응이 일어날 수 있어요. 일부만 조금씩 떼 먹고, 만약 이상이 있다면 즉시 먹은 걸 토해 내요. 열매를 고를 때는 동물이나 벌레가 먹은 자국이 있는 것이 비교적 안전해요. 또 날로 먹는 것보다 익혀 먹는 것이 좋아요.

식량

새알을 불 속에 넣고 삶으면…?

안 돼요! 새알이 익기도 전에 타 버리고 말 거예요. 냄비가 없으면 비닐을 이용해요. 봉지 안에 알과 물을 넣고 불에 달궈요. 물이 있는 곳에만 불이 닿게 고정하면 비닐도 쉽게 녹지 않아요.

식량

화려하지 않은 버섯만 골라 먹어도…?

안 돼요! 일반적으로 독버섯은 겉모습이 화려하지만 그렇지 않은 것도 많아요. 벌레 먹은 흔적이 있는 버섯도 안심해서는 안 돼요.
또 익혀 먹는다고 해서 독이 다 사라지는 건 아니에요. 야생에 있는 버섯에는 절대 손대지 마세요.

먹으면 근육맨이 될 줄 알았는데….

먹을 것이 많다고 먹기만 하면...?

식량

안 돼요! 언제 먹을 것이 바닥날지 모르기 때문에 식량을 저장해 둬야 해요. 육류나 어류는 내장을 제거하고 소금에 절인 뒤, 바람이 잘 통하는 곳에서 말려요. 나물류는 말려 보관하면 좋고, 감자와 같은 작물은 구덩이에 짚을 깔아 보관해요. 뿌리를 먹는 식품은 땅에 그대로 묻어 두는 게 좋아요.

구조

불을 피워 놓고 마냥 구조를 기다리면...?

안 돼요! 낮에는 불빛이 잘 보이지 않으니 대신 연기를 피워야 해요. 나무 위에 젖은 풀을 덮고 불을 지피면 연기가 피어나요. 밤에는 불에 잘 타는 물질을 태워 멀리서도 불빛이 보이게 해요. 불빛을 가렸다 떼서 깜빡이게 하면 더욱 좋아요.

왜 아무도 안 지나가지.

혼자라고 아무 말도 안 하고 지내면...?

안 돼요! 아무 말도 하지 않고 지내면 우울증에 걸릴 위험이 있어요. 또한 말을 아예 잊을 수도 있어요. 토끼나 잡초, 돌멩이도 친구가 될 수 있어요. 새로 사귄 친구에게 밝고 긍정적인 이야기를 들려주세요. 생존을 위해 가장 필요한건 바로 긍정적인 사고예요!

심리

안전 생존 119

2017년 10월25일 1판1쇄 발행
2018년 4월10일 1판2쇄 발행

글 배정진 **그림** 이경택
회장 나춘호 **펴낸이** 나성훈 **펴낸곳** (주)예림당
등록 제2013-000041호 **주소** 서울시 성동구 아차산로 153
구매 문의 전화 561-9007 **팩스** 562-9007
책 내용 문의 전화 3404-9239 **홈페이지** www.yearim.kr

출판사업부문 이사 백광균
책임 개발 황명숙 한현하 최방울
디자인 이정애 이보배 김지은
제작 정병문 신상덕 곽종수 홍예술
국제업무 김대원 최고은 김혜진
홍보마케팅 박일성 **전략마케팅** 채청용

ⓒ 2017, Yearimdang
ISBN 978-89-302-7104-2 74500
       978-89-302-7100-4 74080(세트)

어린이제품 안전특별법에 의한 제품 표시사항

제품명 | 도서   제조자명 | (주)예림당   제조국명 | 대한민국
전화번호 | 02)566-1004   주소 | 서울시 성동구 아차산로 153
제조년월 | 발행일 참조   사용연령 | 8세 이상